M. Casimir Mayran

SOUVENIRS

« Donner du bonheur et faire du
bien, voilà notre aurore de salut,
notre raison d'être. »

CARO.

M. Casimir Mayran

SOUVENIRS

« Donner du bonheur et faire du
bien, voilà notre aurore de salut,
notre raison d'être. »

Caro.

A Madame BADUEL D'OUSTRAC - MAYRAN

A Madame la Comtesse Emmanuel DE LAS CASES

En mémoire du

Vénéré Monsieur MAYRAN

HOMMAGE DE RESPECTUEUSE AFFECTION

Georges MAZE-SENCIER.

LETTRE-PRÉFACE

Mon cher Ami,

Votre amitié a voulu, réunissant ses souvenirs, retracer dans des lignes émues la physionomie et la vie de l'homme de bien dont
l'absence nous paraît chaque jour plus cruelle.

Le témoignage d'affection que vous nous
donnez ainsi, augmente encore en les resser-
rant, les liens d'amitié qui, depuis trois générations, unissent nos deux familles.

Vous avez eu raison de penser qu'il appartenait au petit-fils de M. Sencier de mettre en

leur vraie lumière les belles qualités de M. Mayran, qui eut toute sa vie pour votre cher grand-
père, une tendresse si vive et si profonde.

Nul ne pouvait mieux que vous, raconter
cette bonté toujours agissante, ce désir actif de
soulager les misères et de rendre service à tous ;
nul ne pouvait mieux dépeindre cette existence
de dévouement.

Votre cœur était digne de comprendre ce
noble cœur, votre caractère de saisir tout ce
qu'il y avait d'élevé, de fort et d'admirable dans
ce grand caractère.

Vous nous avez redit :

L'homme privé, affectueux, compatissant,
d'une tendresse si prévoyante et si généreuse ;

L'homme public, si loyal, si inébranlable
dans ses convictions, si digne dans la rectitude
de sa vie, si large dans la conception du devoir
social et si ferme, en même temps, dans son
complet accomplissement.

Vous nous avez redit le chrétien, enfin, si
profondément attaché à sa foi et aussi justement
convaincu de la vérité religieuse que de son
utilité sociale.

Vous nous avez rappelé cette belle vie, pleine
d'œuvres utiles et de vertus éminentes, cette
vie notre fierté, notre orgueil, et vous avez eu
bien raison de dire que l'héritage de ce passé et
des souvenirs qu'il laisse, est pour nous le plus
précieux des biens.

Tous ceux qui ont connu celui que nous

pleurons, le retrouveront vivant sous votre plume. Vous leur donnerez l'illusion d'un suprême et doux entretien avec l'homme qui, en nous quittant, est resté présent par les œuvres et par le souvenir.

Pour nous, nous conserverons pieusement vos pages, mon cher ami ; nous les donnerons à lire et à relire à nos enfants, qui y trouveront pour leur vie le plus noble modèle ; et nous aimerons à nous rappeler, en les feuilletant, le précieux témoignage de votre amitié qu'elles nous apportent et qui nous est bien cher.

Votre ami reconnaissant et dévoué,

E. DE LAS CASES.

P. S. — Au moment où je vous adressais cette lettre, mon cher ami, une douloureuse nouvelle nous arrive : M. Sencier, votre excellent grand-père, dont le souvenir ne peut être détaché de celui de M. Mayran, vient à son tour d'être frappé par la mort. Il est allé rejoindre son ami dans ce monde d'au delà, ouvert par notre foi à tous ceux qui, pendant leur vie, ont, en faisant le bien, dignement rempli leur mission.

Laissez-moi, dans cette douloureuse circonstance, unir mes regrets aux vôtres et pleurer avec vous l'homme au cœur généreux et à l'esprit supérieur, dont nous étions fiers de nous dire l'ami.

Vous avez voulu perpétuer le souvenir de votre cher grand-père en ajoutant son nom au vôtre ; nous trouverons en vous, nous le savons, un cœur digne du sien, et nous reportons sur vous et sur tous ceux que vous aimez, la reconnaissante affection que nous avions pour lui.

E. L.

*« Une mémoire est une chose
inviolable ; il ne faut y toucher que
pieusement. »*

Au moment de feuilleter les papiers épars qui nous permettront de retracer quelques traits d'une physionomie particulièrement chère et vénérée, nous nous souvenons de ces mots de Lamartine.

Mais, n'est-ce pas faire acte de piété, que de réunir en un seul cadre, tous les traits d'une belle vie et d'essayer de reconstituer avec eux le portrait de celui qui n'est plus ?

Que les lignes qui vont suivre soient fatalement incomplètes, et que la noble figure de M. Mayran n'y apparaisse pas dans la lumière qui lui conviendrait, nous ne le savons que trop... Mais qu'importe ?

Les anciens, qui plaçaient le buste des ancêtres au foyer domestique, n'étaient pas arrêtés par l'imperfection de l'œuvre ; ils voulaient, avant tout, assigner une place sur l'autel de la famille, au père disparu ; ils voulaient un signe visible du souvenir qu'ils conservaient à une chère et sainte mémoire.

I
Jeunesse

L'HOMME DES AFFAIRES

II
Vie politique

L'HOMME DU SUFFRAGE UNIVERSEL

III
Vie privée

L'HOMME DE LA FAMILLE

Jeunesse

(1818-1853)

L'HOMME DES AFFAIRES

I

CASIMIR MAYRAN naquit à Espalion, le 4 mars 1818. Son père, Barthélemy Mayran, appartenait à cette race de vigoureux soldats dont étaient composées les armées de la première République. Il avait été blessé à Fleurus. Sa mère, Jeanne Marcilhacy, était d'une des familles les plus anciennes et les plus honorables d'Espalion. Elle était alliée à la famille Affre, qui devait donner à l'Eglise un saint archevêque, mort en martyr.

Il naissait ainsi au milieu de cette petite bourgeoisie de province qui, par la sévérité de sa morale, la rigidité de son caractère, la simplicité de sa vie, son amour de l'ordre et sa puissance de travail et d'économie, constituait, il y a un demi-siècle, le cœur et la force de la nation.

C'est là, au milieu de mœurs simples et patriarcales, qu'il puisa ces principes élevés qui arment l'homme pour la grande lutte de la vie, et préparent, au lieu de ces générations égoïstes, uniquement occupées de leurs plaisirs, ces caractères bien trempés qui, dans leur grande et généreuse ambition, n'ont qu'un but : se rendre utiles à leur pays.

M. Mayran fut élevé au collège de la ville d'Espalion, où il se lia, dès l'enfance, avec celui qui devint plus tard l'évêque de Mende, Mgr Coste : il fut toute sa vie d'ailleurs l'une des natures les mieux faites pour l'amitié ; car, il y avait bien en lui cette chaleur généreuse et universelle de cœur dont parle Montaigne : « Cette chaleur constante et rassise, sans rien d'âpre, qui est une des meilleures qualités de l'amitié. »

Après sa quatrième, il abandonna les études classiques pour faire l'apprentissage du commerce, d'abord, à Espalion même, chez son oncle maternel, Casimir Marcilhacy : puis, à Lyon, où son oncle, reconnaissant ses aptitudes, l'avait recommandé à une importante maison de cette ville.

II

Ce qu'il fallait d'énergie pour s'expatrier ainsi à 17 ans, on se l'imagine facilement. Mais ce qu'étaient alors les débuts d'un jeune homme se destinant au commerce, lancé dans une ville inconnue, sans parents, sans amis, sans protecteur ; à quel travail il lui fallait s'assujettir, quelle médiocrité, disons le mot, quelle pauvreté il fallait savoir supporter ; à quelles industries il fallait recourir pour vivre avec les maigres appointements de l'employé : voilà ce dont ne se doute guère la jeunesse de nos jours. Elle rêve une fortune rapide, facilement acquise ; elle envie ceux qui l'ont obtenue ; mais il lui manque le courage d'imiter les efforts par lesquels ils y sont arrivés.

Laissons la parole à M. Mayran ; il nous dira dans une lettre adressée à ses petites-filles, de passage à Lyon, le 7 juin 1890, quelle fut en 1835 son entrée dans cette ville.

7 juin 1890.

Au mois de mars dernier, il y a eu 55 ans que je faisais mon entrée à Lyon. Si j'étais léger de bourse, j'étais plein de courage et confiant dans l'avenir. Je logeais à l'Hôtel de Saône-et-Loire, rue de la Poulaillerie, près l'église Saint-Nizier. Si vous apercevez, près du Pont-Morand, sur la rive gauche du Rhône, des bâteaux plats de lessiveuses, vous pourrez dire que, sur cet emplacement, votre grand-père venait laver, le soir, après la fermeture du magasin, ses bonnets de nuit, chaussettes et chemises de nuit.

A la maison de commerce, nous avions droit, tous les matins, à une flûte (pain long) ; j'en mangeais deux... On nous donnait une bouteille de piquette pour quatre, et nous nous achetions pour *3 sols* de charcuterie cuite, rue Mulet, toujours près de Saint-Nizier.

Mes distractions à Lyon étaient en proportion de mon gousset, et tout le temps dont je pouvais disposer, était employé à augmenter le peu que je savais à 17 ans.

Après ces souvenirs, qui me viennent souvent à la pensée, je ne puis que remercier la Providence d'avoir couronné des efforts et des labeurs qui m'ont permis de rendre plus facile l'existence de mes enfants et petits-enfants.

Mais les émeutes et les grèves qui assaillirent Lyon et l'ensanglantèrent en 1835 et 1836, portant au commerce de cette ville un coup fatal, M. Mayran comprit que son activité devait trouver ailleurs son emploi. Il revint donc passer quelques jours dans sa chère ville d'Espalion, et, après un rapide baiser à ses vieux parents, il se mit en route pour Paris.

III

C'ÉTAIT un long voyage alors que celui qui, à travers les montagnes du Cantal, en quatre jours et quatre nuits, conduisait d'Espalion à Paris, dans une de ces vieilles diligences auvergnates qui partaient, comme disaient leurs affiches, « quand elles pouvaient », c'est-à-dire quand elles avaient réuni le nombre suffisant de voyageurs.

Les amis de M. Mayran se souviennent encore avec quelle aimable bonhomie il aimait à raconter, et ce départ, et les cinquante francs qu'on avait mis dans son gousset, *tout son patrimoine* d'alors, et son arrivée à Paris, et sa descente chez un brave couple autrefois au service des siens, où, pour quarante sous par jour, il était nourri et logé dans une pauvre soupente, creusée au fond d'une cage d'escalier à ce utilisé.

Cinquante francs, c'est une mise de fonds modeste dans un siècle où les raisons sociales se chiffrent par dizaines ou par centaines de millions ; mais, à côté de cela, M. Mayran emportait avec lui un trésor sans lequel les plus grosses fortunes s'effritent et s'effondrent rapidement ; avec lequel les plus infimes s'accroissent et prospèrent : sa jeunesse, sa foi dans son étoile, sa courageuse ambition, son incroyable activité, sa merveilleuse énergie.

Un de ses parents de l'Aveyron, M. Malmontet, à la mémoire de qui M. Mayran a toujours conservé le plus reconnaissant souvenir, l'avait adressé à une parente de Paris, qui le fit entrer dans la maison de M. Marbeau, négociant en soieries, d'une honorabilité quasi proverbiale.

« Quand on me vit arriver de ma province, avec mes vêtements de drap du pays, taillés à une coupe qui n'était pas celle du faiseur parisien, mes camarades s'amusaient à me plaisanter », disait quelquefois M. Mayran, quand il rappelait les débuts de sa carrière : époque dure sans doute et cependant bien douce aussi, parce qu'on y possède, ce qui vaut mieux peut-être que toutes les réalités acquises, les rêves et les espérances de la vingtième année.

Mais on ne plaisanta pas longtemps le nouvel arrivé : l'activité, l'intelligence des affaires, le sérieux de la vie, lui acquirent rapidement une estime spéciale dans la maison de M. Marbeau.

Toujours le premier au magasin, le matin, et toujours le dernier, le soir, il visitait les clients avec une dévorante activité; il préparait ainsi les ventes, il vérifiait les écritures et il employait une partie de ses nuits à compléter ses études trop tôt interrompues. Telle fut à son arrivée, à Paris, la vie de M. Mayran.

Un jour, un de ses camarades vint le trouver :
« Je vais me marier, j'ai deux cent mille francs;
je veux fonder une maison de commerce : voulez-vous être mon associé ? — Mais, répondit le
jeune Aveyronnais, je n'ai pas de capitaux !...
— Je ne vous en demande pas, réplique son
interlocuteur; je vous connais, j'ai foi en vous;
avec vous, je suis sûr du succès ; j'apporte les
fonds ; vous me donnez votre activité... nous
partageons les bénéfices. »

L'offre était flatteuse, et séduisante. Mais
M. Mayran était trop loyal pour quitter M. Marbeau sans le prévenir et lui demander conseil :
c'est ce qu'il fit.

A cette ouverture, M. Marbeau, qui avait
apprécié les hautes qualités de son jeune employé, comprit quelle faute ce serait de le laisser
partir ; et s'adressant à lui avec une certaine
émotion : « Cette situation qu'on vous offre en
dehors de ma maison, j'ai plus d'une fois pensé
à vous la proposer ; à partir d'aujourd'hui, si vous
le voulez, votre nom figurera à côté du mien. »

M. Mayran accepta, comme on le devine, et
quelque temps après il devenait, par son mariage
avec Mlle Marbeau, le gendre de son ancien
patron ; il n'avait pas encore vingt-deux ans.

Tous ceux qui ont connu Mme Mayran, ont eu,
pour elle, les mêmes sentiments de sympathie,
de respect et d'affection que pour son mari : ils
ont assisté pendant trente-neuf ans à l'union sans
nuages de ces deux belles intelligences dont les

grandes qualités s'harmonisaient et se complé-
taient si bien ; ils ont vu quelle mère chrétienne,
quelle femme accomplie et charitable était cette
compagne de prédilection dont la mort, trop hâ-
tivement survenue, laissa une place à jamais vide
au foyer de M. Mayran, et dans son cœur une
blessure qui ne se cicatrisa jamais.

IV

Il y aurait une monographie curieuse à écrire
sur cette famille Marbeau, dans laquelle entrait M. Mayran ; famille corrézienne, attirée à
Paris, parce qu'elle trouve l'horizon de Brives
trop étroit pour son intelligente activité, et ap-
portant, dans la capitale, les sérieuses qualités
de terroir des vieilles races provinciales.

L'histoire des Marbeau, elle aussi, montrerait
ce que peut donner de considération la pratique
constante du devoir.

L'un de ses membres, M. Firmin Marbeau, a
écrit à jamais son nom au livre d'or des bienfaiteurs de l'humanité, par son admirable fondation des crèches.

D'abord avoué, M. Firmin Marbeau, quitta
de bonne heure la carrière judiciaire, pour
tourner toute son intelligence et toutes ses
forces vers l'étude des questions sociales et la

pratique des œuvres charitables. Il fut, dans la meilleure acception du mot, le type accompli du philanthrope.

Son fils, M. le conseiller d'État Eugène Marbeau, élégant écrivain, penseur spirituel autant que profond, a recueilli pieusement dans l'héritage paternel, la grande œuvre que son père lui avait léguée et l'a étendue, élargie, affermie.

Un autre membre de cette famille, M. l'abbé Marbeau, occupe dans le clergé parisien, quoique bien jeune encore, une place importante, grâce surtout à son zèle pour les œuvres, et à l'art avec lequel il sait accomplir pour elles de véritables merveilles.

Mais la figure la plus originale et la plus vénérable de ce groupe d'hommes distingués, fut sans contredit celle de M. Pierre Marbeau, ancien trésorier-payeur général de la marine, qui s'éteignait en 1887 dans sa quatre-vingt-seizième année.

En lui, se pourraient résumer et synthétiser l'histoire et les qualités maitresses des siens.

Conscrit de 1813, soldat de Leipsick, il aimait à raconter, lui, un des derniers survivants de la grande armée, et cette bataille de géants et la mort de l'infortuné Poniatowski à laquelle il avait assisté, et la retraite de Hanau, et ce siège de Mayence, où les bataillons décimés de la France avaient eu à résister à la fois aux attaques des assiégeants et aux atteintes non moins meurtrières du typhus.

Lui aussi, Pierre Marbeau, était de ces intelligences courageuses qui ne craignent pas d'aller chercher au loin, au péril de leur vie, le succès qu'espère leur légitime ambition.

A vingt-deux ans il partait pour les colonies, et là, dans un poste modeste de l'État, il déployait une telle intelligence et de si brillantes capacités, qu'à son retour à Paris, en 1825, le ministre de la marine n'hésitait pas à l'élever, malgré son jeune âge, au poste de trésorier général des Invalides de la marine, de préférence à des amiraux qui briguaient avec lui cette situation aussi importante qu'honorable.

Pendant près de quarante ans, M. Marbeau a occupé ce poste de confiance avec une distinction qui lui a valu, et l'amitié de tous les hommes éminents qui l'approchaient, et le grade de Commandeur de la Légion d'honneur.

M. Marbeau avait épousé une filleule du fameux Bernadotte dont la dynastie occupe encore le trône de Suède, Mlle Barbou ; elle appartenait à la famille des grands éditeurs de ce nom, émules et rivaux des Elzévir et des Panckoucke.

M. Barbou, beau-père de M. Marbeau, était un des glorieux généraux du premier empire. Son nom est inscrit sur les murs de l'Arc-de-Triomphe.

V

Telle était la famille dans laquelle entrait
M. Mayran.

Il n'allait pas tarder à en augmenter le patrimoine, aussi bien au point de vue intellectuel
et moral qu'au point de vue matériel.

En effet, à peine à la tête de la maison de commerce de M. Marbeau, M. Mayran lui donna un
vigoureux essor.

En quelques années, il en décuplait le chiffre
d'affaires.

Bientôt il prenait une haute situation dans le
grand commerce parisien, dont l'estime et la
sympathie lui furent toujours fidèles.

Mais par quels labeurs, par quel opiniâtre travail, par quel courage de tous les instants, un tel
résultat fut-il obtenu !

Voilà ce qu'oublient tous ceux qui ne savent
apercevoir que le but atteint, et ne veulent pas
regarder les difficultés, les épines et les obstacles
du chemin.

M. Mayran ne les avait pas oubliés ; il aimait
à rappeler et les vicissitudes et les travaux de
ses débuts.

Plus que lui encore, peut-être, ceux qui
avaient assisté à la lutte, grâce à laquelle il avait

enchaîné le succès, se souvenaient de son indomptable énergie, de cette habitude, par lui prise et toujours conservée depuis, d'être au travail à quatre heures du matin, de ces fatigants voyages hebdomadaires, en diligence, à Lyon, voyages que ne pouvaient entraver, ni la rigueur des saisons, ni les douleurs de la maladie ; de cette vie, en un mot, tout entière à sa profession, à ce point que, pendant dix ans, il n'accepta pas une seule fois, une sortie ou un dîner même chez ses plus intimes amis.

Joignez à cette âpreté au travail, une rapidité de conception, une largeur de vues, une sûreté et une profondeur de jugement, une habileté admirable à apprécier et à connaître les hommes, et à pénétrer le secret de leurs pensées ; et vous aurez ainsi la physionomie commerciale de M. Mayran.

Ajoutons-y un trait encore : l'audace, mais cette audace circonspecte et prudente qui ne donne rien au hasard, et qui a pour base et point de départ un jugement sain et solidement établi.

C'est ainsi qu'en 1848, tandis que le commerce et l'industrie française, émus outre mesure par les émeutes de la rue et les menaces socialistes des clubs, se laissaient aller au découragement, M. Mayran, confiant dans l'avenir de la France, dans son esprit d'ordre et dans le secours de la Providence, n'hésitait pas à augmenter, au lieu de les restreindre, l'importance de ses affaires.

La récompense de cette sagesse de vues ne devait pas tarder à se produire : M. Mayran allait, en effet, grâce à elle, jeter la première pierre de sa fortune commerciale, poser le premier degré qui conduit au succès, le plus laborieux, le plus difficile à édifier.

VI

C'EST en 1848 que se plaça pour lui un souvenir qui ne l'abandonna jamais, et qu'il évoquait souvent avec une pieuse émotion.

Ami et allié de la famille Affre, elle aussi d'origine aveyronnaise, M. Mayran avait été accueilli avec une affectueuse bienveillance par l'archevêque de Paris.

Le 23 juin 1848, M. Mayran et M. Marcilhacy se rendirent, pendant un des courts loisirs que leur laissait leur service de gardes nationaux, à l'archevêché, pour donner à Mgr Affre quelques renseignements sur les événements qui se déroulaient à Paris. Monseigneur les retint à déjeuner, et comme après le repas les deux visiteurs se retiraient : « Mes chers amis, leur dit l'archevêque, dans les journées comme celles-ci, on ne sait combien il reste de temps à vivre. Embrassons-nous. »

Les trois compatriotes, émus par la solennité

des circonstances, se jetèrent dans les bras les uns des autres.

A ce moment, le saint prélat avait déjà son héroïque projet. Quelques instants après, en effet, il partait pour le faubourg Saint-Antoine apporter au milieu de la guerre civile des paroles de paix et tomber sous une balle égarée.

A la fin de la journée, inquiet sur le sort de l'archevêque dont la présence aux barricades était annoncée dans Paris, M. Mayran se rendit au faubourg Saint-Antoine. Il y trouva le saint prélat étendu, mourant sur une civière sanglante, qu'il escorta jusqu'à l'archevêché.

Ce souvenir avait été la cause de certaines relations qui existèrent plus tard entre M. Mayran et le successeur actuel de Mgr Affre, sur le siège de Paris, le cardinal Richard. Ce prélat rappelait, en partie, ces faits dans sa lettre de condoléance du 3 février 1892 :

La mémoire de Mgr Affre me demeure sainte et précieuse. C'est de lui que j'ai reçu toutes mes ordinations, et je porte encore aujourd'hui la Croix qu'il avait sur la poitrine quand il donna sa vie pour son peuple. Ce sont des souvenirs qui me rattachent toujours à la famille de Mgr Affre. Avec elle je prierai pour le vénéré M. Mayran.

VII

Après dix-huit ans de travail, dix-huit ans qui, comme les années de campagne, pouvaient compter double, M. Mayran se retira et céda sa maison à M. C. Marcilhacy, son cousin germain, qui avait été son utile collaborateur, et dont l'affection tendre et dévouée fut toujours une des meilleures joies de sa vie, et à M. Arbelot, dont il avait pu apprécier la haute honorabilité et la rare intelligence.

Jeune encore, riche déjà, ayant fourni une honorable carrière, M. Mayran aurait pu désormais vivre pour lui-même et s'adonner à un repos bien mérité. Son âme était trop haute, son appréciation de la vie et des devoirs qu'elle impose trop généreuse, sa passion du bien trop vivace, pour qu'il pût envisager sa retraite d'une façon aussi étroite et égoïste.

Il était de ceux qui doivent mériter cette mélancolique épitaphe :

Hic quiescit qui nunquam quievit. « Là repose qui ne se reposa jamais. »

M. Mayran ne quitta le commerce que pour donner dans une voie nouvelle un essor nouveau à sa merveilleuse activité. Désormais il va la tourner vers ses compatriotes, et pendant quarante ans il n'aura qu'une pensée : obliger ceux — et ils furent innombrables — qui s'adressèrent à son inépuisable bienveillance.

En 1852, M. Mayran vint s'établir d'une façon définitive dans sa chère vallée d'Espalion ; il y avait déjà acheté, à la porte de la ville, la terre de Lévinhac, et commença cette existence de dévouement, que ses compatriotes reconnurent d'ailleurs en l'entourant d'une affection et d'une reconnaissance qui ne cessèrent pas avec sa vie.

Vie politique

(1853-1893)

L'HOMME DU SUFFRAGE UNIVERSEL

I

En 1854, M. Mayran fut nommé maire d'Espalion : il était déjà depuis un an Conseiller
général du canton, et avait été nommé à l'unanimité des votants moins trois voix.

C'est vers cette époque qu'il acheta dans un but purement archéologique, et pour les conserver, les ruines pittoresques du vieux château de Roquelaure, qui dominent, gracieuses, la belle vallée d'Espalion.

A cette occasion et comme le propriétaire vendeur, M. le duc de Miramont, émettait la crainte que le nouvel acquéreur ne voulût joindre à son nom celui de sa nouvelle propriété, M. Mayran lui répondit avec un sourire :

« Rassurez-vous, Monsieur le duc, je ne porterai jamais d'autre nom que celui que mon père m'a légué : il vaut mieux pour moi que les plus glorieux et je n'ai pas besoin d'autre noblesse. »

Cette fière réponse, M. Mayran avait le droit de la faire ; il était de ceux qui n'ont pas besoin d'ascendants.

Populaire dès le début de sa vie politique, il mit de suite cette popularité au service de l'Empire ; il fut franchement, loyalement impérialiste : il aimait ce régime dans lequel il sentait une barrière contre l'envahissement des doctrines qui firent irruption pendant la Commune ; et il le défendit avec dévouement.

C'est à cette époque que M. Mayran fit la connaissance de l'homme qui fut peut-être par la suite le meilleur et le plus tendre de ses amis, et qui, par tous ses mérites, nous le savons, par le charme particulier de son esprit et de sa nature, est bien digne plus que tout autre d'affection et d'attachement : nous voulons parler de M. Léon Sencier, préfet de l'Aveyron dans les commencements de l'Empire.

M. Sencier, mieux placé que n'importe qui pour apprécier et juger la carrière de M. Mayran, résumait ainsi dans une lettre (1) la vie politique de son ami :

... Il vint au moment où, malgré les distractions, les soucis et aussi les attraits des affaires, le souvenir de ses jeunes années s'empara de l'esprit et du cœur de Mayran.

Il pensait sans cesse à la ville et à l'arrondissement d'Espalion. Il voulut que son pays natal profitât de la situation qu'il avait laborieusement et si honorablement acquise. Il y revint et y acheta des propriétés dont la possession lui donnait le droit de s'occuper des intérêts de la contrée.

C'était un droit dont il usa largement. La ville d'Espalion lui doit en grande partie ce qu'elle est aujourd'hui.

Ces bienfaits, si largement et si fréquemment renouvelés, lui ont valu la reconnaissance de ses concitoyens, reconnaissance qui ne s'est jamais démentie et ne pouvait rester ignorée d'un gouvernement, dont les sympathies pour les classes laborieuses et souffrantes se manifestaient sous toutes les formes. Elles lui furent signalées et peu de temps après, la croix de la Légion d'honneur fut placée sur la poitrine de Mayran. Nul plus que lui n'était digne de la porter.

L'utile et bienfaisante action de Mayran n'a pas été limitée à la ville et à l'arrondissement d'Espalion. Membre du Conseil général dont il a été le Vice-Président, il s'est associé, lorsqu'il n'en prenait pas l'initiative, à toutes les mesures, à toutes les décisions qui avaient pour but de donner satisfaction aux intérêts du département et d'accroître sa prospérité.

(1) Cette lettre est datée de février 1892.

Le département lui a montré sa gratitude en persistant à lui renouveler avec une rare unanimité son mandat de Conseiller général. Cette persistance et cette unanimité imposèrent un nouveau devoir au gouvernement impérial. Cette fois encore il s'associa aux sentiments des populations aveyronnaises, Mayran fut nommé Officier de la Légion d'honneur.

La révolution de 1870 ne brisa ni sa carrière politique ni son influence. Lors de la formation du Sénat, où il est resté jusqu'à sa mort, il fut élu sénateur. Là, encore il a su se créer une situation exceptionnelle. Dans les nombreuses commissions dont il a fait partie, il a montré un sens droit, une intelligence hors ligne, une remarquable entente des affaires et un patriotisme qui ont souvent fait prévaloir ses avis, et lui valurent l'estime ainsi que la confiance des collègues dont les opinions politiques n'étaient pas les siennes. Nous ne parlerons pas de ses opinions que chacun connaît. Nous dirons seulement (et c'est un hommage que nous rendons avec une certaine fierté à sa mémoire) que, malgré les avances et les offres qui lui furent faites, il resta fidèle à ses convictions, à ses sympathies et à son passé.

Cette attitude est trop rare pour que nous ne nous inclinions pas avec un profond respect devant la tombe de celui qui a su et voulu la conserver...

II

LA diffusion de l'instruction primaire, mais
d'une instruction religieuse fut, pendant
toute sa vie, une des grandes préoccupations de
M. Mayran. Il s'intéressa tout spécialement sous
l'Empire au progrès de l'enseignement public,
participa à la fondation de nouvelles écoles,
appela les Frères dans la vallée d'Espalion, et
fut à un tel point leur soutien et le défenseur de
ces modestes et utiles fonctionnaires placés à la
tête de nos écoles, que ceux-ci l'avaient alors fa-
milièrement surnommé le Père des Instituteurs ! !

M. Duruy, avec qui M. Mayran avait lié des relations fort intimes, vint le visiter à Lévinhac ;
constata avec plaisir les progrès réalisés grâce
à l'initiative de son ami, et se fit l'interprète des
sentiments de tous les instituteurs aveyronnais
en donnant à M. Mayran la croix d'Officier de
l'Instruction publique.

M. Duruy et M. Mayran, en se rapprochant
ainsi, apprirent à se connaitre l'un l'autre, et se
lièrent d'une intimité très douce. Cette lettre,
que l'illustre historien écrivait le 1er février 1892
à MMmes Baduel et de Las Cases, prouve bien en
quelle affection et quelle estime singulière il tenait son ancien collaborateur de l'Empire :

Chères enfants, j'apprends que votre excellent
père vous a quittées. Il me précède, lui qui devait
me suivre. C'est une terrible perte pour vous, et je
n'ai point de paroles de consolation à vous apporter.
Mais il a rempli sa vie de tant de bonnes actions, et
il laisse derrière lui un nom si honorable, qu'en re-
tournant vers votre père par la pensée, vous ne le
remercierez pas seulement de la très vive affection
qu'il avait pour vous, mais aussi de l'héritage
d'honneur et de bienfaisance qu'il vous a laissé.

Pour moi, qui ai déjà deux pieds dans la tombe,
je n'oublierai jamais ce grand homme de bien dont
l'amitié m'était un titre d'honneur.

III

Rien de ce qui pouvait accroître la prospérité
de son cher pays ne laissait M. Mayran
insensible. On le voyait au Conseil général
d'abord, dans les Ministères ensuite, défendre
tous les projets utiles et réunir les subventions
nécessaires à leur accomplissement.

Ce qu'il a fait de démarches pour obtenir le
percement de nouvelles routes dans ce pays ac-
cidenté et si mal pourvu de voies de communi-
cation est incroyable. Il n'y a pour ainsi dire
pas un chemin de son arrondissement pour lequel il n'ait obtenu des caisses publiques ou
donné de ses propres deniers d'importants sub-

sides. A lui et à lui seul on doit entre autres travaux la route nationale célèbre, dans la contrée, qui relie Espalion à Entraygues en suivant le cours du Lot à travers un pays tellement difficile, que les travaux durent s'exécuter à peu près entièrement à coups de mine, et que le prix de revient du kilomètre s'éleva à 65.000 francs.

Quand le phylloxera vint s'abattre sur la vallée du Lot menaçant d'une destruction prompte et certaine les vignes d'une contrée où elles sont la grande ressource, M. Mayran se mit à la tête des viticulteurs de son pays. — Il fonda lui-même à grands frais un champ d'expériences où il étudia quels cépages devaient le mieux convenir au terrain et au climat, désireux d'éviter ainsi à ses compatriotes les lenteurs et surtout les dépenses de tâtonnements inévitables dans ce genre de culture.

« Cela me reviendra un peu cher, — disait-il en souriant ; — mais nos paysans, qui n'ont pas d'avances, ne perdront pas leur peine en de coûteux essais. » — Avons-nous besoin d'ajouter qu'une fois sa pépinière organisée, M. Mayran s'empressa d'en distribuer gratuitement les plants à tous ses voisins.

Disons-le, d'ailleurs, les populations aveyronnaises ne jouissent pas seulement de ce bon sens et de cette ardeur laborieuse qui sont chez elles héréditaires, elles savent aussi se montrer reconnaissantes des services rendus.

Cette vie entièrement adonnée à la défense

des intérêts de ses compatriotes, valut à M. Mayran une incroyable popularité.

Qui n'a pas connu Lévinhac de 1860 à 1870, ne peut se figurer quelle hauteur cette popularité atteignit sans autre situation politique que son simple mandat de Conseiller général. M. Mayran, était en réalité, par son influence d'autant plus grande qu'elle était plus désintéressée, le roi de la contrée.

Tous les fonctionnaires d'Espalion se faisaient un devoir de se rendre fréquemment à Lévinhac, où ils étaient sûrs de trouver l'accueil le plus bienveillant et la plus gracieuse hospitalité.

Toutes les faveurs que l'Empire répandait sur l'arrondissement, passaient par ses mains. Quand un événement heureux se produisait dans sa famille, spontanément toutes les collines du canton s'illuminaient de feux de joie.

Avant de déposer son bulletin dans l'urne au jour d'une élection, chacun lui demandait conseil, et son avis était aussitôt suivi. Il fut pendant quarante ans, dans toute l'acception du mot, le grand électeur de l'Aveyron.

Il n'est peut-être pas, à cet égard, sans intérêt de rappeler l'anecdote suivante qui est typique.

En 1869, lors des dernières élections législatives de l'Empire, l'opposition, composée des républicains, des orléanistes et des légitimistes coalisés, avait fait dans toute la France un effort considérable, pour obtenir une Chambre des

députés moins inféodée au régime impérial.
Dans l'arrondissement d'Espalion, on avait présenté contre le candidat officiel sortant, un candidat très populaire par sa situation de famille,
et qui avait su très habilement exploiter, auprès
des électeurs catholiques et du clergé, ce qu'on
appelait alors la question romaine.

Au dépouillement du scrutin, les premiers
cantons dont le résultat fut connu, et spécialement le canton de Saint-Geniez, donnèrent au
candidat de l'opposition une importante majorité. Déjà ses partisans chantaient victoire et
parlaient de le porter en triomphe, quand un
électeur plus rassis ou moins enthousiaste, ar-
rêta l'élan de la foule en lui criant, faisant
allusion à M. Mayran et à son influence : *Bous
despechez pas tant de conta bitouero ! Sobez pas
que y o os Espaliou un home que forio possa lou
diaple.* « Ne vous pressez pas tant de crier victoire,
ne savez-vous donc pas qu'il y a à Espalion un
homme capable de faire passer le diable. »

En effet, quelques heures après arrivaient les
résultats du canton d'Espalion et des cantons
voisins, qui donnaient au candidat officiel un
tel nombre de voix que celui-ci passa à une
écrasante majorité.

Nul ne connaissait mieux les électeurs que
M. Mayran. En 1886, la seule fois qu'il eut un
concurrent au Conseil général, il annonçait huit
jours d'avance, qu'il aurait 1.500 voix de majorité. Il en eut exactement 1.505. Aucun autre

candidat — dans toute la France — ne recueillit,
à cette époque, une aussi belle majorité.

En 1870, lors du Plébiscite, M. Sencier, alors
directeur général au Ministère de l'intérieur,
lui ayant demandé ce qui se passerait à cet
égard, dans l'Aveyron, M. Mayran lui répondit :
« Il y aura 98.000 Oui et 2.000 Non.

L'événement justifia à cent voix près l'exacti-
tude du pronostic.

Quoique à bien des points de vue, la nouvelle
politique, inaugurée par l'Empire avec le ministère Emile Ollivier, ne fût pas entièrement con-
forme aux idées de M. Mayran, il ne crut pas
devoir refuser son concours à un gouvernement
qui était le gardien de l'ordre social. Son adhé-
sion au Plébiscite fut pour beaucoup dans le
succès de celui-ci en Aveyron. Nous ne vou-
drions pas jurer toutefois que plus d'un électeur
en votant le fameux Oui, n'ait cru qu'il allait,
par son vote, nommer M. Mayran... Empereur !

IV

A toute époque, et surtout après la chute de
l'Empire, les questions religieuses et sociales avaient pour lui plus d'importance que les
questions politiques : de bonne heure, son dé-

vouement à la cause religieuse avait été reconnu du Souverain Pontife qui lui envoyait les insignes de Commandeur de Saint-Grégoire le Grand.

M. Mayran, lors de ses voyages en Italie, et spécialement lors du premier qu'il fit en compagnie de son cousin et ami Henri Affre, savant et distingué archiviste de l'Aveyron, à qui le lia jusques aux derniers jours la plus vive, la plus sincère, la plus dévouée affection, avait eu le privilège d'approcher de l'auguste personne de Pie IX, et lui, comme beaucoup d'autres, avait subi le charme et l'ascendant du Saint-Père. Il eut l'occasion de manifester ouvertement son attachement au Pape lors des événements de 1870. Il écrivit à l'évêque de Rodez cette lettre qu'il rendit publique :

MONSEIGNEUR (1),

Je viens de prendre connaissance de l'appel si éminemment français que vous adressez aux catholiques de votre diocèse, pour les inviter à donner au Saint-Père un témoignage de leur sympathique et respectueux attachement, dans les circonstances douloureuses qu'il traverse aujourd'hui.

La voix de Votre Grandeur trouvera de l'écho chez tous ceux qui ont à cœur les droits de la justice et de la religion, qui sont la sauvegarde de l'ordre social.

(1) Lévinhac, 12 décembre 1870.

Je suis d'autant plus heureux, Monseigneur, d'associer mon nom à l'expression des sentiments que vous ferez parvenir au Vatican qu'à diverses époques, j'ai eu l'insigne honneur d'être reçu en audience particulière par le Souverain Pontife, dont l'auguste personne m'a pénétré d'une si profonde vénération, que j'en conserve encore le plus vivace et le plus touchant souvenir.

L'ingratitude dont Pie IX est victime me remet en mémoire celle dont l'Italie se rendit coupable à l'égard de la France. Il en fut de même dans toutes les villes de ce royaume, presque au lendemain de Magenta et de Solférino.

Cette ingratitude se réveille aujourd'hui, plus vive et plus offensante, puisque, loin de nous témoigner une sympathie reconnaissante, l'Italie profite de nos malheurs, qui ne sont que passagers, j'en ai la confiance, pour violer les engagements contractés à la face du monde catholique envers notre chère France, qui défendit les droits de l'indépendance de l'immortel Pie IX.

V

Monsieur Mayran continua à s'occuper des affaires du pays, après la chute de l'Empire : il le fit par dévouement, par attrait pour le bien, mais sans enthousiasme ; son optimisme naturel l'abandonnait un peu : il sentait l'évolution lente mais profonde qui se produisait dans toutes les classes de la société ; il prévoyait cette revanche des appétits si longtemps contenus par la politique ferme du gouvernement impérial. Ces mots qu'il prononçait peu de jours après le Plébiscite, ne semblent-ils pas actuellement prophétiques ?

« Pour ma part, je n'ai travaillé que dans l'intérêt de l'ordre public menacé par les révolutionnaires. Mais rien n'est sauvé. Les anarchistes sont organisés. Ils sont les plus forts et les plus audacieux (1). »

« Il comprit de plus en plus, à la chute de l'Empire, la nécessité de sauvegarder, avant tout, les intérêts religieux, qu'il avait toujours défendus. Il était alors l'homme le plus actif et le plus influent du parti conservateur dans l'Aveyron. Ses qualités l'avaient rendu très populaire (2). »

Déjà sous l'Empire une candidature législative lui avait été offerte par le gouvernement. Il l'avait déclinée, préférant, sans doute avec raison, sa situation d'autant plus prépondérante qu'elle était plus désintéressée. En 1876, lors de la reconstitution du Sénat, ses amis et ses collègues du Conseil général insistèrent si vivement pour obtenir son concours, qu'il se décida. Il fut nommé par 237 voix sur 388 votants.

Dans la vie publique, M. Mayran, sans rien oublier de ses préférences et de ses souvenirs,

____

(1) *Revue religieuse*, 1ᵉʳ février 1892, p. 89.
(2) *Journal de l'Aveyron* du 2 février 1892.

fit peu de politique. Il songea surtout aux intérêts conservateurs envisagés d'une manière générale; il avait compris que des questions d'une
gravité supérieure réclamaient le concours et
l'absolu dévouement des hommes de bonne volonté; il vit de suite se dessiner les tendances an-
tireligieuses des nouveaux gouvernants; d'autre
part, mieux placé que beaucoup d'autres pour
suivre de près le mouvement des esprits dans
les masses ouvrières (Decazeville, le grand cen-
tre minier, est dans cette partie de l'Aveyron
que l'on a pu nommer le « pays noir »), il sentit
le flot montant du socialisme; il comprit que la
crise sociale menaçait d'être aiguë, et que le
meilleur moyen de la conjurer était de ne pas
enlever à ceux qui souffrent, les croyances qui
sont encore leur meilleure raison de demeurer
patients et résignés.

VI

MAIS homme d'action avant tout, le rôle de
sénateur, réduit par le fait des circonstances à une opposition noble mais vaine, pe-
sait à M. Mayran... Il ne le remplissait que
comme un devoir, et comme un devoir pénible, contraire à son activité et à son tempé-

rament. Aussi, quand, en 1885, arriva le terme
de son mandat sénatorial, il manifesta très
nettement la pensée de n'en point rechercher le
renouvellement. Longtemps il hésita et résista.

Ce ne fut que sur les sollicitations les plus
pressantes et les plus flatteuses qu'il se décida à
recommencer la lutte. Il fallut, pour l'ébranler,
tout à la fois l'insistance de ses amis du Sénat
et les démarches pressantes d'un saint prêtre
dont les idées étaient le reflet et l'écho de celles
de tout le clergé aveyronnais : M. Truel, alors
vicaire général.

Voici la lettre que celui-ci lui écrivit pour le
faire revenir sur ses premières hésitations :

MONSIEUR LE SÉNATEUR,

Je ne voudrais pas être indiscret, mais il y a dans
la question de si graves intérêts engagés, que je vous
demande la permission d'insister auprès de vous.

Le parti conservateur ferait une grande faute s'il
désertait la lutte, et il n'a de vraies chances de succès qu'en dressant une liste où figurera votre
nom.

Votre nom sera adopté par tous les partis...
Permettez-moi donc de vous supplier instamment
d'accepter une place sur la liste conservatrice. Vous
ne pouvez pas vous dérober dans les circonstances
difficiles et importantes où nous nous trouvons.

Si vous vous rendez aux instances qui vous sont
faites et aux motifs qui vous sont présentés, il ne sera
pas trop malaisé, je crois, de déterminer M. de Bo-

nald. Dans le cas contraire, comment le gagner, comment même retenir M. Delsol ? Dès lors, une nouvelle liste devient nécessaire et un échec me paraît fort à craindre.

J'aime à croire que, malgré votre âge, malgré les difficultés de la lutte, vous voudrez rendre à votre pays des services que vous ne pouvez lui refuser, et qui seront le digne couronnement de votre vie politique...

Voici la lettre apostillée de M. de Kerdrel qui fut envoyée alors à M. Mayran par le comité des Droites du Sénat :

SÉNAT   Paris le 21 octobre 1884.

MONSIEUR ET CHER COLLÈGUE,

Nous apprenons avec une extrême surprise et une peine profonde, que vous hésitez à accepter pour les prochaines élections sénatoriales, la candidature qui vous est spontanément offerte par les conservateurs de l'Aveyron.

Si nous sommes bien informés, toute liste sur laquelle figurerait votre nom présenterait les chances de succès les plus sérieuses, tandis qu'une liste à laquelle il ferait défaut, triompherait difficilement.

Plusieurs de vos compatriotes, bons juges de la situation, sont allés jusqu'à nous dire qu'un refus de votre part serait pour le parti conservateur dans votre département, le signal et le commencement de l'abdication, au moment même où son action est le plus nécessaire.

Ce ne sont pas seulement, en effet, des Sénateurs

que l'Aveyron aura à nommer, cette année ; il sera
avec le pays tout entier appelé peut-être très pro-
chainement à élire des Députés.

Nous venons donc, au nom de la Droite du Sénat
tout entière, vous supplier de faire taire vos scrupules, de surmonter vos hésitations et d'accepter une
candidature dont vous êtes plus digne que qui que
ce soit.

Vous ne sauriez résister aux vœux que vos collègues, que vos amis vous expriment avec toute l'ardeur de leur sympathie pour votre personne, ni
vous soustraire à l'accomplissement d'un devoir que
le patriotisme vous impose.

Cher Collègue,

Permettez-moi d'ajouter mon contre-seing à la
signature collective du comité parlant au nom de la
Droite du Sénat tout entière, et de m'adresser personnellement à vous. Seulement ce ne sera pas
pour vous faire une prière que je me permets de
considérer comme sans objet, mais, au contraire,
pour vous dire que j'ai répondu de vous devant la
Droite, certain qu'un homme de votre trempe ne
déserte jamais un devoir, lorsqu'il est aussi évident
qu'aujourd'hui. Je vous ai vu de près ; j'ai pu vous
apprécier, et je sais bien qu'en me portant votre
garant, je ne suis pas exposé à un désaveu...

Signé : DE KERDREL.

VII

Monsieur Mayran céda et se mit immédiatement à l'œuvre. La manière dont il prépara et mena cette élection pourrait servir de modèle. Il se préoccupa surtout de la nomination des délégués ; il prépara « le terrain auprès des conseillers municipaux, pour leur faire comprendre la gravité de leur mandat, et les amener à faire choix des délégués favorables à la cause qu'il soutenait »(1). Et, à ce sujet, il envoyait une circulaire au clergé de l'Aveyron, dans laquelle tout en lui recommandant la plus extrême réserve, il lui exposait la situation présente et lui traçait une ligne de conduite. Ce sont des paroles de sagesse et de modération.

Lorsque les laïcs se dévouent et se sacrifient pour la cause sacrée de la religion, n'appartient-il pas au clergé de les aider de sa légitime influence... ? Le succès n'est possible qu'à la condition que chacun ait souci du péril social.

Par votre situation, vous êtes plus à même que personne de prêcher, dans cette circonstance, l'abnégation, l'oubli des petites rivalités locales et des mesquines divisions de parti. Le triomphe de la

(1) Voir circulaire du 2 décembre 1884.

bonne cause dépend de la bonne entente de toutes les nuances conservatrices.

Placé par son caractère au-dessus de toutes nos divisions politiques, le prêtre est plus particulièrement en position d'éclairer ses concitoyens et de faire prévaloir une union salutaire...

M. Mayran avait contre lui des concurrents sérieux : M. Fabre (1), ancien député ; M. Maruéjouls et M. Clausel de Coussergues, président du Conseil général, que soutenaient de tous leurs efforts et l'unanimité des forces républicaines du département et les agents d'une administration très active et très remuante.

Mais M. Mayran posa si nettement et si courageusement la question électorale sur son véritable terrain : le terrain religieux ; il empêcha si bien par sa polémique simple et franche ses adversaires de s'en écarter, que les populations

(1) Puisque le nom de M. Fabre est prononcé, nous tenons à rendre hommage à sa parfaite courtoisie. Voici la lettre qu'il adressa à M. le comte de Las Cases au moment du douloureux événement de février 1892, et nous la citons d'autant plus volontiers qu'elle fait honneur à celui qui l'a écrite.

CHER MONSIEUR,

J'aurais voulu assister aux obsèques de votre beau-père : mais je suis obligé d'aller faire un cours au moment où aura lieu la triste cérémonie. Veuillez agréer mes regrets. Devant la majesté de la mort, les dissentiments d'opinion disparaissent. Je ne vois plus que l'enfant du peuple, qui, fils de ses œuvres, s'éleva par son intelligence et son activité à une situation si belle. Je ne vois plus que l'homme de bien, qui, prodigue de dévouement, avait assis sa popularité sur d'innombrables bienfaits.

Dans mes voyages à la montagne, j'ai pu constater combien était chéri le père que vous pleurez, et je prévois un deuil profond pour mes compatriotes. Je m'associe à ce deuil.

catholiques de l'Aveyron, répondant, une fois
de plus à son appel, donnèrent à la liste conservatrice une importante majorité.

VIII

LE succès des élections sénatoriales de janvier
1885, était un heureux présage pour les
élections générales qui devaient avoir lieu au
scrutin de liste dans le mois d'octobre suivant.
Les Conservateurs aveyronnais, réveillés et en-
couragés par le succès de leurs sénateurs, acclamèrent à une majorité importante la liste des
députés catholiques, et peu s'en fallut, on s'en
rappelle, que la France tout entière substituât
alors à la politique d'opposition religieuse, qui
depuis quinze ans la divise, cette politique sage
et noble qui réconcilierait tous les bons Français sur le terrain d'une vraie et féconde liberté.

C'est au triomphe de cette cause que M. Mayran dévoua les dernières années de son existence avec une activité qui ne contribua pas peu
à abréger ses jours. Il eut dans cette tâche pour
aide et pour collaborateur M. le vicomte de
Bonald, dont les conseils et l'amitié lui furent
précieux.

On peut dire aussi qu'il fut l'agent le plus
actif des dernières élections législatives dans
l'arrondissement d'Espalion. Il fit la campagne
lui-même et eut la plus grande part dans le succès du candidat conservateur, M. de Benoit.

Il avait une expérience et une connaissance
approfondies des électeurs : en 1889, il fut admirable de dévouement pour les intérêts conservateurs ; il parcourut la contrée à cheval, en
voiture, à pied.

Toute sa vie, il a été le grand conseil des électeurs espalionnais ; nul n'avait, nul n'eut plus
que lui une large influence électorale.

Et chez lui l'influence ne cessa de croitre
même dans les temps les plus difficiles. Certes,
dans un pays aussi mobile que notre France, on
peut, en s'appuyant des idées en vogue, espérer
une popularité éphémère. Mais, ne jamais varier
et au milieu des variations de l'opinion rester
l'oracle écouté, voilà le problème que M. Mayran
résolut pendant plus de quarante ans. Pendant
plus de quarante ans, il représenta au Conseil
général, le canton d'Espalion, sans un échec,
sans une intermittence. Pendant quarante ans,
il fut dans l'arrondissement l'électeur influent.
On pourrait presque dire que dans ce long espace
de temps pas une élection ne se fit sans lui ou
contre lui. Aussi un de ses amis lui avait-il appliqué plaisamment, en le modifiant un peu, le
mot de Napoléon à Masséna et l'appelait-il :
« L'Enfant chéri du suffrage universel. » Le secret

de cette puissance et de cette autorité résidait tout
entier, et dans la bienveillance d'un cœur ouvert
à toutes les infortunes, et dans le respect qu'inspiraient à tous la dignité de la vie et la beauté
morale d'un caractère qui ne vit jamais dans
la politique le côté personnel, et ne songea jamais
qu'aux intérêts généraux de la France ou aux
intérêts particuliers de son cher Aveyron.

En 1885, M. Mayran aida de tout son pouvoir
la liste conservatrice dans l'Aveyron, et fut pour
une large part dans le beau succès qu'elle rem-
porta.

Cette liste était d'ailleurs admirablement
composée, et réunissait les personnalités les plus
honorables et les plus estimées du département.

MM. Cibiel, Barascud, Roques, de Benoit,
Calvet-Rogniat et de Montéty furent non seule-
ment les compagnons de lutte, mais les amis de
M. Mayran.

Plus de 15.000 voix de majorité acclamèrent
cette liste, et M. Mayran put avoir un instant de
légitime fierté en constatant que, de tous les
arrondissements, celui d'Espalion avait apporté
le plus fort contingent de voix conservatrices.

Au scrutin d'arrondissement de 1889, M. Mayran fut encore le grand moteur des élections.

Avec quelle simplicité touchante il savait
s'adresser aux électeurs, et loin de réveiller en
eux les passions mauvaises, procédé si commun
aujourd'hui, faire vibrer toutes les cordes nobles
de leur âme.

(1) Pendant plus de quarante ans, leur écrivait-il en 1889, vous m'avez accordé dans toutes les élections de l'arrondissement une si fidèle confiance ; vous me témoignez dans mes visites au milieu de vos villages une si touchante sympathie et un si consolant souvenir des services que j'ai pu rendre à certains d'entre vous, que je m'en autorise pour vous soumettre quelques considérations sur les élections du dimanche 22 septembre prochain ... Persuadez-vous bien, mon cher compatriote, que le vote du 22 septembre décidera du sort de notre pays. Sachez donc faire taire, je vous en conjure, vos dissensions, vos préférences personnelles et les petits froissements, pour ne vous préoccuper que des intérêts de notre chère France.

Sachez résister bravement aux tentatives d'intimidation et de corruption d'une administration sans vergogne, décidée à ne reculer devant rien, pour faire triompher la politique que vous détestez. Dites-vous bien que, par ces temps troublés, les préfets ne font que passer : l'Aveyron en a eu 16 depuis 1871.

Ne tenez aucun compte de l'intervention de certains de ces agents que le besoin de conserver leur place oblige de prendre part à la lutte. Dites-vous bien qu'avec votre bulletin de vote vous êtes les maîtres, et que cette administration que vous payez sera demain ce que vous voudrez qu'elle soit.

Dites-vous bien que la France est, comme vous lasse et fatiguée des hommes qui n'ont su que la ruiner en s'enrichissant de vos dépouilles, et que le 22 septembre peut être le signal d'une ère nouvelle qui, dirigée par des hommes intègres, conciliants et respectueux des libertés bienfaisantes et de la volonté nationale librement exprimée, rendra à

(1) A Messieurs les Electeurs de l'arrondissement d'Espalion, Lévinhac, le 10 septembre 1889.

notre société si profondément ébranlée le calme et la confiance dont elle a un si grand besoin.

Dites-vous bien enfin, qu'en mettant votre bulletin dans l'urne électorale, vous ne devez vous laisser guider que par votre conscience de chrétien, que par votre patriotisme de Français.

Ce sont ces sentiments qui vous dicteront votre suffrage, comme ce sont eux qui me font vous conseiller de voter pour M. de Benoit...

IX

L'ATTITUDE politique de M. Mayran pendant les seize années qu'il passa au Sénat fut admirable par sa rectitude. A lui aussi se pouvait appliquer la devise de Montalembert : *Qualis ab incepto.* « Tel qu'au commencement. »

Jamais il ne dévia d'une ligne dans la voie que sa conscience lui avait tracée.

Comme tous les esprits réfléchis et sans passion, M. Mayran sentait « que la liberté de la foi est une nécessité d'ordre supérieur à laquelle il n'est plus permis de se soustraire, et que l'on doit à tous les peuples, au même degré, avec le même caractère d'impérieuse obligation, ce bien suprême aujourd'hui universellement réclamé par la conscience du genre humain : la paix religieuse (1) ».

(2) Ed. HERVÉ. *La Crise irlandaise.*

Aussi les dix dernières années de sa vie furent-elles employées à lutter avec toute l'énergie dont il était capable contre les empiétements toujours grandissants du fanatisme libre-penseur. Au Sénat ou dans l'Aveyron, la campagne d'irréligion menée par la secte franc-maçonnique, n'eut pas d'adversaire plus résolu.

Sénateur, M. Mayran sut s'attirer par la courtoisie de ses manières, la sympathie de ses collègues de toute nuance, comme il sut par la fermeté de ses convictions forcer leur unanime estime.

Quoique nul ne s'exprimât avec plus de netteté, il monta rarement à la tribune. Au Sénat, il siégeait le plus souvent aux côtés du maréchal Canrobert dont il était l'ami : parfois il lançait certaines interruptions dont quelques-unes furent très remarquées et qui jaillissaient de son esprit spontané avec un à-propos et un brio merveilleux.

Il resta toujours d'accord, dans le vote des grandes questions que le Sénat avait à trancher, avec ses collègues de la représentation aveyronnaise, à qui le lia d'ailleurs une affectueuse intimité.

Il fut pendant plus de vingt ans l'ami de M. Delsol, qui, d'abord député à l'Assemblée générale, où il joua un rôle important et unanimement respecté, fut durant dix-huit ans au Sénat le fidèle compagnon de luttes de M. Mayran, et dont la parole simple et forte, protesta avec l'éloquence indignée de l'honnête homme, contre les atteintes portées par l'impiété officielle à la liberté religieuse.

Quand M. Boisse, que sa haute personnalité et ses services rendus comme ingénieur à l'Aveyron avaient fait porter au Sénat en 1876, se retira de la politique, M. Mayran trouva dans M. Lacombe un précieux auxiliaire. L'activité de M. Lacombe, sa réputation de jurisconsulte contribuèrent au succès de la liste conservatrice, comme la facilité de sa parole et son rare talent d'assimilation, lui valurent au Sénat une situation telle, que son échec en 1894 fut regretté non-seulement de ses coreligionnaires, mais de ses adversaires politiques, séduits par ses fortes et brillantes qualités.

X

QUAND l'éducation religieuse fut rendue plus difficile, M. Mayran se multiplia et se mit à la tête du mouvement de résistance organisé contre les mesures vexatoires nouvellement édictées. Il protesta contre le renvoi des Frères des Écoles chrétiennes d'Espalion, dans une lettre très digne adressée au Préfet. C'est une vraie page de l'histoire de l'Aveyron, écrite

par l'homme qui était le plus digne de l'écrire,
et nous la citons en entier, malgré sa longueur,
car il fait toujours bon de réchauffer son zèle à
l'exemple et aux conseils de ceux qui nous
ont précédés dans la carrière.

Paris le 15 novembre 1886 (1).

Monsieur le Préfet,

Surpris, comme tous les honnêtes gens, par le
remplacement soudain de nos Frères d'Espalion et
la laïcisation presque clandestine de notre école
communale, je me suis tu tout d'abord. Mais je
croirais manquer au double mandat dont je suis
investi comme sénateur de l'Aveyron et comme
conseiller général d'Espalion ; je croirais manquer
à la confiance dont les Conservateurs de ce canton me donnaient il y a quelques mois à peine, un
éclatant témoignage, si je ne disais ici, tout haut,
ce qu'ils pensent tout bas, et ne me faisais l'interprète de leurs sentiments froissés, de leur
conscience outragée et révoltée.

La précipitation aussi mystérieuse que passionnée
que vous avez mise à chasser les Frères le jour
même de la promulgation de la loi antireligieuse
que nous subissons, alors que cette loi autorisait
l'administration à accorder de longs délais pour la
mettre en vigueur, cette précipitation témoigne,
Monsieur le Préfet, combien vous étiez digne, après
avoir présidé dans l'Aveyron à l'exécution des

____

(1) Lettre adressée par M. Mayran, sénateur et conseiller
général du canton d'Espalion, à M. le Préfet de l'Aveyron
contre le renvoi des Frères des Écoles chrétiennes d'Espalion.

décrets, d'y revenir pour expulser les congréganistes.

C'est sans doute pour endormir les Conservateurs
d'Espalion et leur enlever l'idée d'aviser d'avance à
la création d'une école libre que M. le Sous-Préfet
de notre arrondissement, présidant la distribution
des prix de notre école communale, tenue par les
Frères, et parlant au nom de l'Administration tout
entière, disait, le 14 août 1885 : *Nos instituteurs et
nos institutrices sont maintenant largement à la hauteur de leur tâche ; je n'en veux pour preuve que les
maîtres excellents qui dirigent cette école avec tant
d'intelligence et de succès.*

Pendant que, officiellement, on rendait à nos instituteurs cet hommage mérité, l'Administration, de
concert avec nos libres-penseurs, tramait dans
l'ombre le renversement des Frères.

Votre tâche est accomplie, vous pouvez en être
fier, car vous venez de détruire une institution élevée par le libre concours des volontés unanimes de
notre ville, et qui, depuis plus de trente ans, n'avait
fait que grandir et prospérer.

Vous êtes trop nouveau venu parmi nous, Monsieur, et l'histoire de notre passé vous préoccupe
sans doute trop peu, pour que vous sachiez comment, dans quelles conditions et dans quelles circonstances, les Frères que vous venez de chasser,
ont été appelés parmi nous.

Permettez-moi de vous l'apprendre : En 1850,
l'école communale de notre ville n'était dirigée que
par deux instituteurs laïques, qui avaient eu leur
mérite, mais dont l'âge avait éteint l'activité, et qui
ne pouvaient plus suffire au nombre chaque jour
croissant de notre population scolaire. Espalion possédait à sa tête, à cette époque, deux hommes dévoués, préoccupés de cette grande question de l'instruction primaire qui nous a toujours été chère à

nous, conservateurs : M. Benoît Baduel, de vénérée mémoire, alors curé de la ville, et M. Benjamin Affre, alors maire.

En présence d'un budget municipal sans ressources, mais secondé par toutes les familles de la localité, ces messieurs organisèrent une souscription, pouvant permettre d'agrandir l'école, et d'assurer le modeste traitement des nouveaux maîtres. Le pasteur de la paroisse et le chef de la municipalité savaient que les fondations utiles sont toujours assurées de trouver à Espalion un généreux concours. Ils s'adressèrent à tous ceux qui avaient le légitime souci de voir donner à leurs enfants une instruction plus chrétienne et plus complète.

Les dons affluèrent et en quelques jours plus de 2.200 fr. furent réunis. Tout le monde donna, et sans distinction de parti, riches, pauvres, ouvriers, domestiques.

J'ai retrouvé la liste des souscripteurs, Monsieur le Préfet ; leurs noms méritent d'être conservés, car certains d'entre eux ont une signification toute particulière, dans les circonstances politiques actuelles, et ils témoignent de l'unanimité des sentiments en faveur de l'arrivée des Frères. J'ai là aussi, entre mes mains, qui se plaisent aujourd'hui à exhumer le passé, le récit de la réception solennelle faite aux Frères, par la population et la municipalité espalionnaises, le 25 novembre 1850 : il y aura demain trente-six ans.

Si vous voulez prendre la peine, Monsieur le Préfet, de lire le *Bulletin d'Espalion* du 30 novembre 1850, déposé dans les archives de la Préfecture, vous y lirez quel accueil enthousiaste fut fait aux Frères ; vous y verrez la ville en fête et toute la population les acclamant et leur souhaitant une heureuse bienvenue.

Quelle différence entre nos Frères arrivant en

plein jour, appelés et soutenus par les libres sacrifices de tous, et l'installation clandestine des instituteurs laïques ! Quel contraste, mais aussi quel enseignement et quelle source d'espérances !

Dans d'autres contrées de l'Aveyron, des mesures du genre de celle-ci ont soulevé parmi nos populations croyantes de vives protestations. La courageuse attitude des femmes de Millau et de Saint-Christophe n'est pas oubliée, pas plus que la conduite énergique de la municipalité de Marcillac dont les succès couronnèrent les efforts.

A Espalion, la soudaineté du coup a pu empêcher certaines émotions légitimes de se manifester.

Mais les douleurs sourdes ne sont pas les moins profondes, et, si vous croyiez les pères et les mères de famille conquis à la nouvelle loi, votre erreur serait grande.

Je sais bien que cette loi néfaste, combattue avec énergie au Sénat et à la Chambre par les représentants de notre département, et qui défend à l'instituteur laïque de parler de religion à l'élève, vous vous garderez de l'appliquer tout d'abord à Espalion, dans son entière rigueur.

Vous autoriserez, sans doute, *momentanément*, les maîtres à conduire les enfants à l'église et à enseigner le catéchisme, et vous vous efforcerez d'endormir les susceptibilités de conscience que vous savez dangereuses.

Personne n'en sera dupe, nous savons le but qu'on poursuit.

Dans un de ces accès de franchise, dont il ne peut se rendre maître, M. le Ministre de l'Instruction publique ne s'est-il pas écrié, du haut de la tribune, pendant la discussion de cette loi : « Nous voulons républicaniser la France. »

Pour les moins clairvoyants, l'école va devenir la succursale du club. L'instituteur, que je ne blâme pas, puisqu'il exécute la loi, mais que je plains, pour qui la politique devrait être un terrain à jamais fermé, l'instituteur qui ne devrait apprendre à son élève qu'à aimer et à servir sa patrie, va devenir, désormais, l'instrument d'un parti. Avec la politique, c'est l'irréligion qui pénètre dans l'école.

Notre département et plus particulièrement notre canton d'Espalion, n'ont jamais cessé, par leurs votes, de revendiquer la liberté de l'éducation.

Dans l'intérêt d'une jeunesse qui a toutes nos sympathies, nous voulons pour elle l'enseignement religieux, qui apprend à supporter avec courage les luttes de la vie, à respecter ses parents et à se dévouer pour son pays.

La loi d'irréligion que la majorité a imposée à la France, et que vous venez d'appliquer parmi nous, avec vos procédés habituels, nous l'avons toujours combattue, nous la combattrons encore.

Une heure viendra où cette loi de haine et de colère, promulguée par l'oppression, sera renversée dans un jour de liberté et de réparation. En attendant ce moment, nous avons une tâche à remplir, soustraire nos enfants à une éducation impie.

Il faudra pour cela, sans doute, consentir à de nouveaux sacrifices, d'autant plus durs que des mesures contre lesquelles je tiens à protester encore, nous obligent, en dépit de toute justice, à payer, nous catholiques, un enseignement que nous répudions et nous mettent ainsi *hors la loi*, suivant l'expression échappée d'un député de la gauche, au cours des débats de la Chambre.

Si vous avez pour vos écoles, Monsieur le Préfet, le budget de l'État qui puise dans la bourse de tous les contribuables, notre œuvre aura le budget de la charité et de la foi.

A côté de votre école *athée*, il y aura une école libre. Votre précipitation laïcisante en retardera de quelques jours, sans doute, l'ouverture ; mais elle ne pourra empêcher ce bienfait de s'accomplir.

A l'âge où je suis parvenu, Monsieur le Préfet, on pense souvent à l'avenir, non pour en attendre la réalisation de rêves ambitieux que, pour ma part, je n'ai jamais caressés, mais pour se demander si, à un jour peut-être proche, en jetant un regard en arrière, la conscience n'aura rien à se reprocher. Il ne me convient pas de sonder la vôtre. Mais pour moi, il me semble que je n'aurais pas rempli tout mon devoir, et que mes concitoyens eussent pu se plaindre de mon silence, si, sans élever la voix, j'avais laissé s'accomplir autour de moi, une pareille violation de nos droits. L'avenir, qui n'est à personne, l'avenir, qui est à Dieu, fera cette œuvre de rénovation et de justice. Cet avenir, le verrai-je? Verrai-je rétablir, dans un jour de liberté, ce que vous avez renversé dans un jour d'oppression ? Je l'ignore...

Ce que je sais, c'est que mes parents, mes amis et tous ceux qui m'ont honoré de leurs suffrages, pourront se dire que, dans les mauvais jours, je n'ai pas laissé enlever sans protester, le drapeau confié à mes soins.

XI

MONSIEUR Mayran ne se contenta pas de protester en paroles: il voulut agir surtout et ne reculer devant aucun sacrifice pour doter les enfants d'une éducation solide et sérieuse : il fonda l'école libre. Lui-même nous racontera l'histoire de cette fondation en oubliant seulement de mentionner la part prépondérante et considérable qu'il a prise à cette belle œuvre.

Le chef de votre municipalité, disait-il aux enfants d'Espalion (1), qui fait un si noble usage d'une fortune si honorablement acquise, le pasteur de la paroisse, dont l'éloquence persuasive et soutenue enfante des prodiges de générosité, le cher concitoyen, dont les largesses ont provoqué l'admiration de tous ceux qui ont un cœur reconnaissant, tous se mirent à l'œuvre... L'école libre était fondée. De leur côté, nos sénateurs et nos députés, s'inspirant des sentiments religieux de nos populations, et se souvenant qu'aux dernières élections générales la suppression du catéchisme et de la prière dominaient tous les autres griefs politiques, prirent immédiatement l'initiative d'un Comité chargé de recueillir des souscriptions en faveur de l'enseignement religieux.

M. le vicomte de Bonald voulut bien en accepter la présidence avec le dévouement qu'il apporte au bien public.

Les membres de la représentation aveyronnaise eurent à cœur de placer leurs noms en tête de la liste, et grâce particulièrement à la somptueuse souscription de 40.000 fr. de M. Cibiel, dont la spontanéité égale le mérite, les premiers résultats obtenus par le comité des Écoles chrétiennes ont été honorés des encouragements et des bénédictions des grands dignitaires de l'Église, et des éloges de toute la presse conservatrice.

____

(1) Discours aux élèves de l'école libre des Frères (17 août 1887).

Les efforts du comité pour la fondation de l'école libre furent pleinement couronnés de succès.

Vos pères et vos mères ont été admirables, disait-il encore ; ils n'ont pas hésité ; ils étaient impatients, je le sais, d'accourir vers nous, parce que, élevés en chrétiens, ils veulent des chrétiens pour fils.

Le jour où l'école libre fut ouverte, les deux tiers des enfants de l'école laïque furent retrouver avec bonheur leurs anciens maîtres.

L'émigration aurait été presque complète, si les besoins de l'existence et les exigences inhérentes à la situation des employés de l'État, leur laissaient toute liberté pour faire élever leurs enfants suivant leurs convictions et leurs croyances.

Les instituteurs laïques s'effrayaient de ce vide qui se produisait sur leurs bancs : l'un d'eux même, voyant un jour M. Mayran, lui disait :

« Comment pouvez-vous nous combattre, vous que, sous l'Empire, on nommait le Père des instituteurs ? — Je ne combats pas les hommes, répondit-il, mais ceux qui élèvent les enfants sans Dieu. »

XII

C'EST qu'il était intrépide dans cette défense de la religion, à laquelle il consacrait son temps, son dévouement et son influence. « Sau-

vons la vérité religieuse, disait-il, le reste viendra après de lui-même. » Il subventionnait de
ses deniers les journaux conservateurs ; il recons-
tituait le traitement des prêtres frappés par le
ministre des cultes. Il avait donné son assenti-
ment à l'œuvre de l'*Union de la France chrétienne*,
si fortement patronnée par M. Chesnelong, un de
ses plus chers amis politiques, et par le cardinal
Richard. On peut dire qu'il ne refusa jamais ni
son argent ni son temps.

Une de ses forces venait de sa rectitude de
conduite en politique, mettant toujours d'accord ses actes et ses opinions. Il n'a jamais tran-
sigé avec ce qu'il envisageait comme un devoir
de conscience, et tout en aimant le peuple profondément, tout en prenant en commisération
ses souffrances et en les soulageant, il ne l'a
jamais flatté, l'estimant trop pour cela. Il fut en
tout un homme de caractère, ayant cette énergie
sourde et constante de la volonté que définissait
Lacordaire : « Ce je ne sais quoi d'inébranlable dans les desseins, de plus inébranlable encore dans la fidélité à soi-même, à ses convictions, à ses amitiés, à ses vertus ; cette force
intime qui jaillit de la personne et inspire à tous
cette certitude que nous appelons la sécurité. »

XIII

Aussi, quand il disparut, lui rendit-on justice de toutes parts, et ses adversaires s'inclinèrent avec respect devant un passé aussi intact et aussi honorable :

Il s'en faut de beaucoup que le défunt fût un de nos amis politiques (1) : toutefois nous ne pouvons que rendre justice à sa mémoire en rappelant la générosité avec laquelle il savait soutenir, grâce à sa grande fortune, acquise par son travail énergique et son intelligence des affaires, toutes les bonnes œuvres et les intérêts conservateurs, auxquels il s'était attaché.

D'un caractère droit et loyal, il laisse par son décès un vide très sensible à son parti : ses adversaires conservent de lui le souvenir d'un opposant sans doute, mais d'un homme qui a su mériter le respect et la considération de ceux dont il combattait l'opinion.

C'était un homme intelligent et actif qui mit toujours toutes ses qualités au service de la cause conservatrice, lisait-on dans l'*Aveyron républicain*.

La mort de cet homme d'action fait dans le parti réactionnaire un immense vide que nous ne voyons pas actuellement pour nos adversaires la possibilité de combler.

1 *Le Courrier de l'Aveyron*, voir *Bulletin d'Espalion* du 6 février 1892.

M. Le Royer, président du Sénat, prononçant son éloge, rappelait les *signalés services* rendus dans l'Aveyron et constatait « qu'il s'était concilié l'estime de tous, étant plein de bienfaisance, affable et bienveillant. Le Sénat, ajoutait-il, doit un hommage mérité à cet homme de bien. Il emporte dans sa tombe la considération de ses collègues, qui s'associent aux regrets de ses amis et de sa famille. »

Vie privée

L'HOMME DE LA FAMILLE

I

L_E *Progrès* (1), journal politique et agricole
de l'Aveyron, montrait qu'il connaissait
bien M. Mayran, quand il publiait les lignes
suivantes :

Ce sont surtout ses excellentes qualités de cœur
qui rendront la mémoire de M. Mayran chère à
tous ceux qui l'ont connu et, on peut le dire, à
notre département tout entier. Il n'est pas un seul
de nos compatriotes, même parmi ceux qui ne par-

(1) 6 février 1892.

tageaient pas ses opinions politiques, qui n'ait reçu
de lui un accueil bienveillant, qui n'ait obtenu un
service, si cela était possible. Toujours et à toute
heure à la disposition de tous, on peut affirmer
qu'il ne se lassait jamais de faire des démarches en
faveur de ceux qui s'adressaient à lui.

En effet, s'il faut louer chez M. Mayran,
l'homme des affaires et l'homme politique, que
dire de l'homme de la famille, de l'homme
privé ?

Il avait débuté modestement dans l'existence ;
il s'était élevé par lui-même, et sachant les difficultés qui se dressent, à chaque pas, sur la route
de ce monde, il se plaisait toujours à tendre la
main aux humbles et à les aider. Une fois sa
fortune établie et solidement assise, il se donna
l'une des plus douces satisfactions de la vie : il
alla faire du bien dans son pays. Il combla la
ville d'Espalion de ses bienfaits ; il y fut l'initiateur de tous les progrès ; son exemple devint
contagieux, et il y eut à Espalion, dans ce pays
pauvre, où 1.800 livres de rente sont une ri-
chesse, une vraie légion de bienfaiteurs qui
s'imposèrent, à son exemple, des dépenses considérables pour embellir leur ville. Les Espalionnais accomplirent à cet égard de vrais mira-
cles.

M. Mayran racontait lui-même un jour ces
progrès, qui avaient métamorphosé la vieille
petite cité.

Regardez votre église, votre basilique, devrais-je
dire (1), élevant au-dessus de vos maisons, comme
pour les protéger, ses deux flèches de pierre. Regardez votre nouvelle mairie, chef-d'œuvre d'élé-
gante architecture.

Regardez l'installation de vos fontaines, qui vous
apportent des montagnes, une eau toujours fraîche,
limpide et abondante.

Regardez le beau bâtiment destiné à l'école libre,
qui s'élève dans les meilleures conditions de con-
fortable, d'aération et d'hygiène.

Dans quelques semaines, vos rues seront éclai-
rées à la lumière électrique.

Vous avez assisté dernièrement à la bénédiction
de la première pierre d'un édifice grandiose qui va
remplacer, aux portes de la ville, dans un site merveilleux, notre vieux et cher collège.

Enfin, vos bienfaiteurs voulant associer le soula-
gement des malheureux à l'embellissement de la
cité, ont compris, dans leurs générosités, l'agrandissement de l'hospice, et une meilleure dotation
de l'asile des pauvres. Cette belle œuvre si dési-
rable sera le couronnement de leurs bienfaits.

Pourriez-vous citer, mes chers concitoyens, une
ville de France qui ait vu en moins de temps,
améliorations plus utiles, métamorphose plus complète ?...

*Et tout cela sans qu'il en ait coûté un centime au
budget municipal*, d'ailleurs, hélas ! si pauvre.

On dirait vraiment que quelqu'un parmi vous
possède la baguette magique des *Contes de fées*, qui
faisait sortir de terre des palais somptueux ou des
sources vives.

Eh ! oui, mes chers enfants, il y a une baguette
mystérieuse à Espalion.

____

(1) Discours aux élèves des Frères, déjà cité.

Demandez à mon vieil ami, M. Joseph Poulenc ; demandez à M. Rieu, votre digne maire...; demandez à M. Brévier, votre excellent pasteur...; ils la connaissent bien ! Ils vous diront son nom ; elle s'appelle : la foi, la générosité, l'amour du pays natal.

Cet amour du pays natal, M. Mayran l'avait plus que personne, et y ajoutait la passion des grandes œuvres de bien qu'il devait à sa bonté native et au sens chrétien qui inspira tous ses actes (1).

II

Sa maison de Paris, aussi bien que sa villa de Lévinhac et son château de La Baume, étaient des lieux de rendez-vous où accouraient tous les nécessiteux, les uns demandant un secours, ceux-là sollicitant un appui, beaucoup ré-

1 M. Mayran contribua personnellement pour une large part à tous les bienfaits qu'il rappelle : on lui doit encore en partie, l'agrandissement du cimetière de Perse d'Espalion ; la salle d'asile de Saint-Côme, et nombre de fondations qu'il serait superflu d'énumérer.

En 1870, au moment des misères de l'année terrible, il créait l'œuvre des soupes, de concert avec M. Frayssinous, neveu de l'évêque d'Hermopolis. Tous les jours, depuis plus de vingt ans, on distribue chaque matin de quatre-vingts à cent soupes, aux enfants et aux vieillards.

Après le vote des lois scolaires, M. Mayran avait donné la consigne de ne pas refuser la part de soupe aux enfants des écoles laïques.

clamant des conseils. A Lévinhac en particulier, il était accessible à chacun de cinq heures du matin à huit heures du soir : il parlait patois à tous les braves gens de la montagne ou de la vallée qui venaient le consulter, et repartaient enchantés de l'accueil reçu.

Il écrivait jusqu'à trente lettres par jour pour rendre service ; il travaillait à concilier tous les devoirs sans les heurter jamais ; il se dépensait avec une abnégation admirable et une tendresse pour les pauvres qui le faisaient adorer. Sans doute, il trouvait, lui aussi, des ingrats ; mais il avait l'âme trop haute et l'esprit trop juste pour s'en étonner : il faisait le bien pour le bien.

Il se rappelait l'aimable cri du Sauveur : « J'ai pitié de cette foule... » et lui aussi ouvrait son cœur à la pitié et à la compatissance des foules malheureuses.

Son indemnité de sénateur suffisait à peine à entretenir les œuvres qu'il soutenait. Une importante partie de ses revenus y était encore employée ; et, à voir toutes ses largesses, on lui prêtait une fortune quasi *légendaire*. La vérité c'est qu'avec des revenus relativement modestes, il accomplissait des merveilles de générosité ; mais aussi il n'avait pour lui ni luxe ni goût de dépense, ni besoins, et en ce qui le concernait, il s'était fait une règle de la plus grande simplicité et de la plus sévère économie. S'il ouvrait à tous largement sa bourse, il faisait

plus ; il se donnait lui-même sans ménager ni
son temps ni sa peine, sachant bien que le don
de soi est la plus somptueuse et la plus rare de
toutes les aumônes. Mais nous ne chercherons
ni à énumérer ni à divulguer tous ces bienfaits,
qui restent entre Dieu et lui l'objet d'un secret
béni, qui sans doute aujourd'hui a reçu sa récompense au centuple.

III

Monsieur Mayran passait chaque année une
partie de la saison d'été au château de
La Baume (Lozère), seigneuriale résidence cons-
truite sous Louis XIII et Louis XIV par les com-
tes de Peyre, gouverneurs du Languedoc, et que
peuple encore le souvenir de la belle de Fon-
tanges, qui y résida un instant et pour qui
diverses pièces furent construites et ornées.

Avec une sûreté de goût remarquable, M.
Mayran restaura cette demeure, et, par ses travaux agricoles, non seulement améliora la culture de son domaine, mais donna à ce pays,
quelque peu arriéré, l'exemple de ce que peut
produire une intelligente et active initiative.

Là aussi, comme dans la vallée d'Espalion et
sans qu'aucune préoccupation électorale pût s'y
mêler, il sut se faire adorer de ses voisins : bon,

familier, bienveillant envers tous, toujours prêt à rendre un service ou à donner un conseil.

Et quand la nouvelle de sa mort imprévue pénétra dans ces montagnes, tous, à la messe du dimanche suivant, revêtirent d'un commun accord et par une touchante pensée, leurs vêtements de deuil en signe d'affectueux et douloureux regrets.

C'est que ces braves gens se souvenaient de la réception qui leur était faite chaque fois qu'ils s'adressaient à M. Mayran.

A La Baume, à Lévinhac, comme partout, M. Mayran était toujours le même. Il était de ceux qui s'élèvent aisément par la force de l'intelligence à toutes les situations, et nul n'avait plus grand air que lui, quand il faisait à ses hôtes, avec une inaltérable bonhomie, les honneurs de son vieux château.

Celui-ci était d'ailleurs largement ouvert à tous les prêtres de l'Aveyron, et les amis de la vallée y recevaient toujours la plus gracieuse hospitalité ; et l'on a pu dire, non sans quelque raison malicieuse, que La Baume était comme la maison d'été du grand séminaire.

Ce que tous ceux qui ont vécu dans l'intimité de M. Mayran n'ont jamais oublié, c'est ce charme aimable, ces attentions délicates, cette gaieté bien franche et bien portante, toutes ces qualités rares en un mot qui faisaient de lui un incomparable maître de maison.

Quelles que fussent les multiples occupations de

sa vie politique, il ne laissait à personne le soin de recevoir, d'occuper et d'amuser ses hôtes. Son activité suffisait à tout diriger à la fois, comme son intelligence et sa mémoire savaient sans s'y perdre entrer dans les détails les plus menus et les plus multiples. Il se montrait ainsi de cette élite d'esprits privilégiés qui, capables de mener de front les travaux les plus variés, loin d'être absorbés par leur situation, ne cessent de la dominer.

Et avec quel art charmant (et de lui-même inconnu peut-être, tant il sortait spontanément de son cœur), avec quel art il savait se mettre à la portée de chacun et de tous.

Aussi à son aise quand il traitait avec les hauts fonctionnaires qui le venaient visiter, les questions de politique générale, que quand il causait avec les cultivateurs voisins des intérêts de leurs prairies ou de leurs bestiaux, ou qu'il entreprenait avec les excellents prêtres de la Lozère et de l'Aveyron une de ces interminables parties de « bête ombrée », la seule passion humaine demeurée dans le cœur de cet admirable clergé.

IV

MAIS, dans les dernières années, l'aspect de La Baume avait changé et les réunions ne s'y tenaient plus joyeuses comme autrefois.

C'est là, en effet, que M. Mayran connut la plus violente douleur de sa vie : c'est là que mourut Mme Mayran, le 4 août 1877. Ce chagrin le frappa dans le plus profond de son être, et sans en parler beaucoup, il en souffrit toujours. Ils sont bien rares, en vérité, trop rares ceux qui n'ont pas au fond de leur cœur un coin toujours en deuil, souvent ignoré de beaucoup, mais dans lequel ils ont amassé, ainsi qu'en un ciboire sacré, toutes les larmes et tous les regrets de leur vie.

M. Mayran ne trouva de consolations qu'auprès de ses enfants, de ses deux filles, dont l'une déjà mariée, avait épousé M. Baduel d'Oustrac, appartenant à l'une des familles les plus anciennes et les plus justement estimées de l'Aveyron, le neveu de Mgr Baduel, évêque de Saint-Flour.

Peu d'années après, sa seconde fille épousait M. le comte Emmanuel de Las Cases, qui semble avoir adopté, lui aussi, ces fiers mots, la vraie devise de M. Mayran : Charité, Honneur et Talent, et dont il suffit de citer le nom pour évo-

quer tant d'illustrations dans le passé et pour en
pressentir encore dans l'avenir.

Mesdames Baduel et de Las Cases se souviennent surtout de ce mot, Charité, le dernier que
leur père prononça en ce monde ; et pour elles.
leur plus belle part d'héritage est encore toute
cette série d'œuvres auxquelles il s'intéressait.

Lorsque les sessions du Sénat retenaient M.
Mayran à Paris, il y vivait en famille, avec ses
enfants et ses petits-enfants, qu'il affectionnait
avec une tendresse rare. Chacun d'eux vraiment
semblait le plus aimé, et le joli vers de Mille-
voye sur l'amour paternel, trouvait bien son
application :

Chacun en a sa part et tous l'ont tout entier.

Il comprenait les enfants, savait leur parler.
et leur donnait, au besoin, les meilleurs et les
plus jolis conseils. Qu'on en juge par ces mots
qu'il adressait aux élèves des écoles d'Espalion :

Est-ce que je ne dois pas m'adresser à vous, mes
chers enfants, et profitant de l'expérience et des
privilèges de l'âge, ne me permettrez-vous pas de
vous donner quelques conseils ? Quelle que soit
votre jeunesse, elle songe, elle aussi, à l'avenir.
L'inconnu de votre vie vous fait rêver : c'est si bon
rêver à votre âge ! Et vous vous demandez comment
atteindre au bonheur désiré. Le secret du vrai bonheur, voulez-vous que je vous le dévoile d'un mot :
Il réside tout entier dans l'accomplissement du devoir.
Quel que soit le rôle que vous soyez appelés à

jouer dans la société, souvenez-vous-en bien, et croyez en mon expérience, vous ne réussirez qu'à la condition d'avoir une conduite exemplaire, une constance et une énergie indomptables.

Avec ces qualités, on surmonte les déceptions et les luttes de la vie, qui deviennent chaque jour plus pénibles et plus ardues. Dites-vous bien que dans ce monde chaque génération a une mission, un rôle à remplir : préparer une vie plus facile, plus heureuse à la génération qui suivra.

Vos parents travaillent pour vous, afin de vous assurer l'avenir, et vous travaillez à votre tour pour préparer l'avenir de ceux qui viendront après vous. Soyez pleins de déférence, mes chers enfants, pour tout ce qui est respectable, et montrez-vous reconnaissants pour tous ceux qui vous témoignent de la sollicitude. Aimez vos parents, vos maîtres, les bienfaiteurs de votre ville et de votre école. Aimez-les aujourd'hui et, plus tard, efforcez-vous de les imiter.

Passionnez-vous pour tout ce qui est bon, beau, grand et noble, et ignorez toujours une nouvelle morale qu'on appelle la morale de l'indépendance du cœur, c'est-à-dire l'ingratitude. Préservez-vous des mauvais conseils et des mauvais livres. Si on vous parle de libre-pensée, ajournez ces athées aux dernières heures de leur vie. Il est des moments, mes petits amis, où les luttes pour l'existence laissent sommeiller les bons principes reçus par l'enfance à son début, mais soyez persuadés qu'ils reprennent leur empire dans les grandes et douloureuses épreuves.

Aimez votre religion, mes bons petits amis, aimez-la hardiment, sans faiblesse, sans fausse honte.

A qui se permettrait de la railler devant vous, rappelez les héros qu'elle a enfantés. Parmi ceux qui honorent votre département, je ne vous en citerai qu'un des plus illustres : l'archevêque martyr qui

tomba en 1848 sur les barricades de Paris, victime
de nos discordes civiles. Aimez votre patrie d'un
amour ardent. Souvenez-vous que le drapeau de la
religion, c'est le vrai drapeau français ; vous ne le
séparerez jamais dans vos affections.

Ces quelques lignes d'une si belle élévation
morale dépeignent l'homme tout entier ; on y
devine de la mélancolie peut-être, et si, dans les
dernières années de sa vie, il ne s'était pas laissé
aller au pessimisme et au découragement, il ne
pouvait se défendre d'une tristesse bien fré-
quente chez ceux qui ont beaucoup vécu, beaucoup vu, et qui, commençant à vieillir, regardent
plus souvent en arrière qu'en avant.

Avec les enfants et avant eux peut-être la
grande sympathie de M. Mayran était pour les
jeunes gens.

A l'encontre de tant de vieillards qui, au
terme de la vie, s'éloignent des générations nouvelles comme par une inconsciente et insurmon-
table jalousie, M. Mayran aimait la société de la
jeunesse ; avec elle il redevenait jeune.

Il aimait cet âge, où, sorti de la douce tutelle
de la famille et de la délicieuse quiétude de l'enfance, le jeune homme commence à sentir qu'il
lui faut voler de ses propres ailes, regarde devant lui cherchant la voie rêvée, et interrogeant
anxieux l'avenir.

Il aimait cet âge, qui a ses douleurs, parce qu'il
a son incertain ; mais qui a aussi son incompa-

rable charme, parce qu'il possède le plus grand des biens, l'espérance.

Il aimait cet âge, où l'ardeur est plus vive, parce que les désillusions de la vie ne l'ont pas éteinte, et l'ambition plus aimable, parce qu'elle est pleine d'une adorable naïveté.

Il aimait à revivre avec les jeunes gens, les impressions et les souvenirs de sa laborieuse jeunesse. Aussi avec quelle affectueuse amitié il accueillait ses jeunes compatriotes. Avec quel plaisir il les recevait, les encourageait, les aidait !

Avec eux il oubliait son âge et sa situation. Combien nous ont raconté, les larmes aux yeux, qu'il leur rendait avec une ponctualité étonnante leurs propres visites, ne prétextant jamais pour s'en dispenser de ses occupations cependant si multiples, et n'hésitant pas jusque dans les derniers jours de sa vie à gravir les nombreux étages de leurs mansardes, pour venir leur serrer la main et s'entretenir avec eux de leurs projets et de leurs désirs.

V

Dans les derniers temps aussi la robuste santé de M. Mayran avait un peu faibli. Des douleurs de jambes le forçaient à des repos prolongés, qui devenaient une souffrance pour sa nature amie de l'activité et du mouvement. Mais rien ne faisait prévoir que la mort était là, le guettant au premier jour. Dans la dernière semaine de janvier 1892, M. Mayran fut atteint de l'influenza, qui sévissait alors d'une manière particulièrement grave. Le mal empira en quelques heures et il fallut vite reconnaître le nom de la sinistre visiteuse.

M. Mayran mourut comme il avait vécu avec cette simplicité noble et courageuse qui avait dirigé la conduite de toute sa vie.

Le 30 janvier au matin, M. l'abbé Chesnelong, fils de son vieil ami, M. le sénateur Chesnelong, vint lui apporter les derniers secours de la religion, et préparer, à la dernière étape, devant sa famille réunie, cet homme de bien, qui, ayant vécu comme vivaient les patriarches, devait mourir comme ils mouraient, la main dans la main de ses enfants, les yeux fixés vers le ciel déjà entr'ouvert.

M. Mayran se confessa, pardonna à tous ceux dont il avait pu avoir à se plaindre, et récita lui-même d'une voix déjà affaiblie mais encore nettement perceptible le *Pater* des agonisants.

A peine M. Chesnelong avait-il quitté le malade que l'agonie commençait.

Une agonie douce où le mourant, d'un œil encore plein d'expression, indiquait à ceux qui l'entouraient ses dernières volontés, et où, comme dans un rêve suprême, révélé par les paroles en-

trecoupées qu'il prononçait, se reflétaient avec
le miroir de sa vie les pensées qui l'avaient plus
spécialement occupé.

C'est ainsi que la dernière parole qui sortit de
ses lèvres, son dernier cri fut le résumé de toute
son existence : « Charité ! Charité ! »

M. Mayran s'éteignit le 30 janvier 1892. Trente-
huit ans auparavant, jour pour jour, presque
heure pour heure, il avait éprouvé une des plus
grandes et des plus durables émotions de sa vie.

C'est le 30 janvier 1854, en effet, que M. Mayran,
dans un voyage à Rome, avait été présenté à Sa
Sainteté Pie IX ; avait été reçu par Lui avec cette
bonté paternelle que n'oublieront jamais ceux
qui l'ont éprouvée, et avait reçu de Lui, et pour la
vie et pour l'heure de sa mort, une solennelle
bénédiction.

Le rapprochement de ces deux dates 30 janvier 1854, 30 janvier 1892, n'est-il pas éloquent et
ne semble-t-il pas que le doigt de Dieu ait voulu
s'y montrer et donner par cette coïncidence, aux
parents et aux amis de M. Mayran, l'assurance
plus formelle que la bénédiction de Celui qui a
dit : « Tout verre d'eau donné en mon nom aura
sa récompense, » ne pouvait à la dernière heure
manquer à l'homme dont la vie entière avait été
un continuel bienfait.

Les funérailles se firent à Paris dans l'église de
Saint-Augustin au milieu d'une assistance consi-
dérable, qui comptait beaucoup de notabilités du
Sénat et de la Chambre.

Mais la plus imposante des cérémonies eut lieu à Espalion. Les feuilles locales racontent ainsi ces grandes obsèques.

Rarement, croyons-nous, un hommage plus éclatant a été rendu à un homme public. Nous avons vu tout le peuple d'une contrée s'incliner en masse devant le cercueil de cet homme de bien et confirmer par cet hommage suprême, une popularité dont les fondements prirent racine, il y a quarante-trois ans, dans le cœur de ses concitoyens, et qui s'est montrée grandissante jusqu'au jour où Dieu a rappelé à lui son âme chrétienne.

Plus de cent prêtres étaient venus prier pour le bien-aimé défunt.

Mgr l'Evêque avait délégué pour le représenter M. Ricard, vicaire général, et M. Aldebert, archiprêtre de la Cathédrale.

Le drap d'honneur était porté par M. le sénateur Lacombe ; M. de Benoit, député de l'arrondissement d'Espalion ; M. Thédenat, ancien maire d'Espalion, et M. le sous-préfet de l'arrondissement.

Toutes les communautés de la ville et des environs étaient à leur place. On a évalué à plus de quatre mille le nombre de ceux qui sont venus honorer le souvenir de cet homme de bien. On était accouru de tous les points de la région.

Après la messe, M. le vicaire général monta en chaire. Il était juste que, sous les voûtes de ce temple, à la construction duquel M. le Sénateur avait souscrit pour une large part, une voix autorisée fit entendre une parole d'éloge en son honneur, et révélât quelques-uns des trésors de son âme chrétienne. Le véritable fondement de la popularité de M. Mayran, de la générosité et du dévouement dont il a donné des témoignages éclatants, se trouve dans le

sens chrétien qu'il a possédé toute sa vie et qui a été
le guide et l'inspiration... C'est cette idée que M. le
vicaire général a éloquemment développée. C'est
de ce principe générateur de tout bien que l'orateur
a justement fait ressortir les mérites du vénéré défunt, mérites sur lesquels la vérité religieuse jetait
chaque jour une lumière plus vive, une fécondité
plus bienfaisante, et un courage plus grand pour
toutes les saintes causes.

Après cet hommage écouté avec autant de sympathie que de recueillement, M. le vicaire général a
donné l'absoute.

Le cortège s'est dirigé ensuite vers le cimetière de
Perse. M. le sénateur Lacombe, M. Louis Thédenat,
M. Marcilhacy, ont pris successivement la parole
devant la tombe qui allait se fermer. Ils ont éloquemment révélé M. Mayran tout entier.

C'est l'homme public qu'a fait revivre M. le sénateur Lacombe.

M. Louis Thédenat a parlé surtout de l'homme de
bien, dévoué à son pays natal et toujours au service
de quiconque a fait appel à sa bonté.

M. Marcilhacy, parent et ancien associé de M. Mayran, lui aussi si universellement sympathique à la
population espalionnaise, a remercié cette immense
foule avec des larmes sincères, communicatives et
qu'on a vu couler avec émotion de beaucoup d'hommes du peuple et d'hommes de la société. C'est ainsi
que la voix de tout un peuple a salué cet homme de
bien.

Et puis le cercueil a été déposé dans le caveau de
la famille.

L'impression de ces obsèques fut considérable dans
la contrée. Cette imposante solennité des funérailles
de M. Mayran laissera parmi nous un souvenir qui
ne s'effacera pas de longtemps. M. le sénateur Mayran
a été un grand bienfaiteur de notre pays ; c'est lui

qui a été l'initiateur de tous les dévouements, de toutes les générosités. Il a fait beaucoup de bien, il a rendu de grands services : son rôle public a été considérable ; très grande a été son influence, très légitime sa popularité, nos populations reconnaissantes garderont pieusement sa mémoire (1).

DISCOURS DE M. RICARD, VICAIRE GÉNÉRAL

Mes Très Chers Frères,

Ce n'est pas une oraison funèbre véritable que vous attendez de moi : aussi n'est-ce pas une oraison funèbre que je viens vous apporter. Du reste, si la mémoire du regretté Sénateur que nous pleurons ensemble avait besoin d'être exaltée, je n'aurais, en vous désignant vous-mêmes, qu'à montrer comment vous êtes la plus touchante oraison funèbre que l'on puisse ambitionner pour la gloire d'un homme.

Les apprêts extraordinaires qui ont été faits pour recevoir sa dépouille mortelle, ces tentures funèbres, ces couronnes accumulées par la reconnaissance, ce clergé nombreux, ces corps constitués, cette population espalionnaise tout entière qui remplit aujourd'hui l'église de votre cité, et qui mêle ses pleurs et ses regrets aux regrets et aux pleurs de la famille du cher défunt, tout cela ne dit-il pas plus éloquemment qu'aucune bouche humaine la place que tenait dans nos cœurs le regretté M. Mayran ?

Cependant je me ferais un reproche de ne pas laisser tomber sur son cercueil un mot de deuil et de douleur profonde, au nom du premier Pasteur du

(1) *Bulletin d'Espalion*, 27 février 1892.

diocèse que j'ai l'honneur de représenter ; au nom
de ce clergé pour lequel le vénéré défunt eut toujours un irrésistible attrait ; au nom de cette Religion qui honore aujourd'hui sa dépouille mortelle
comme elle réjouit sa vie tout entière.

L'homme politique, vous le connaissez ; je ne
vous en parlerai pas ; tous les journaux de Paris
et de la région, ont rappelé dans un concert touchant d'éloges, ce que fut, à ce point de vue, notre
cher défunt, en qui vibra toujours un cœur des
plus patriotiques. Je vous dirai seulement que ce
n'est pas un petit mérite pour lui, d'être devenu,
dans notre pays, comme le *jubilaire* du suffrage
universel, et d'avoir pendant plus de quarante ans,
et à une époque où les cœurs sont si changeants et
la popularité si frivole, conquis la confiance de
ses compatriotes qui lui confièrent les mandats les
plus divers et les plus honorables.

Mais il y a un côté dans M. Mayran que je regret-
terais de ne pas vous signaler, parce que c'est celui
que le prêtre catholique peut plus librement louer,
et celui qui recommande le mieux l'homme disparu.
Du haut de la chaire chrétienne, c'est moins l'éloge
que la leçon qui doit se faire entendre ; mais ici la
leçon sera l'éloge de celui qui a su nous la donner
si fidèlement pendant sa noble carrière.

Ce qui me frappe le plus dans M. Mayran, c'est
son sens chrétien, franchement chrétien, éminemment chrétien qui le distinguait.

Et quand je parle de sens chrétien, je ne veux
pas dire ces sentiments d'un jour ou d'occasion que
font naître les circonstances dans tout homme, pour
peu qu'il ait reçu une éducation religieuse, et qui
disparaissent avec les circonstances qui les ont
produits. Chez M. Mayran, ce sens chrétien fut
comme une seconde nature qui le suivit et l'inspira
en toute occasion.

Aujourd'hui, on parle plus que jamais de l'affaiblissement des caractères, de l'amollissement des
âmes, et l'on serait tenté, non sans raison, d'appliquer aux chrétiens de notre temps, l'appellation flé-
trissante que Tertullien donnait aux chrétiens de
l'époque, lorsqu'il les appelait des *chrétiens en
l'air*. Et d'où cela vient-il ? La race française est
énergique de son propre fond, et elle n'a pas tellement perdu son tempérament natif, qu'elle puisse
être accusée légèrement de mollesse ou de lâcheté.
Cet affaiblissement des caractères est la conséquence
inévitable de l'affaiblissement des doctrines, des
croyances, de l'amollissement de la foi. Il n'y a pas
au fond de ces âmes et à la base de ces caractères,
ce sens chrétien, vrai, profond, qui est comme la
sève de la vie de l'homme, qui produit à la fois,
règle et active toutes ses poussées vers le bien.

Ce sens chrétien, je l'admire dans notre très regretté Sénateur.

Il l'avait puisé au sein de sa famille si bonne, il
l'avait mûri dans la formation chrétienne reçue au
collège de sa ville natale, ce collège que je suis
heureux de saluer en passant comme une pépinière
féconde d'où sont sortis tant d'hommes remarquables, et qui n'a besoin que de rajeunir un peu pour
donner encore à l'Eglise et à la France des fils glorieux.

Ce sens chrétien, il est loin de le perdre, quand,
quittant sa ville natale, il se lance dans les grands
centres et se livre aux dangereuses spéculations du
commerce. Il se rattache au contraire à lui comme à
son meilleur guide et à son plus efficace protecteur
contre tous les excès possibles. Aussi le verra-t-on,
pour satisfaire sa légitime ambition de réussir dans
ses entreprises, joindre une patience persévérante
et une invincible persistance dans le travail à une
loyauté scrupuleuse et à une sage modération dans

les désirs. Ah ! ce n'est pas à sa fortune que l'on pourrait appliquer les paroles sévères que saint Hilaire disait des fortunes mal acquises de son temps, *ces fortunes qui dessèchent les sources de la foi, comme celles de l'homme, et quand vient le jour de régler ses comptes avec Dieu, les consciences n'ont pas de nœuds plus difficiles à rompre que ces liens compliqués et inextricables de l'injustice et de la mauvaise foi dans les affaires.*

Aussi, quand il reparut dans notre pays, il pouvait se montrer le front haut et les mains pures, et l'on comprit bientôt que si ce favori de la fortune revenait avec les mains pleines, c'était pour les ouvrir sur ses compatriotes avec une générosité qui n'avait d'égale que la générosité même du cœur qui les inspirait.

Ce sens chrétien, M. Mayran le montra éminemment dans l'éducation chrétienne qu'il donna à sa famille, et il prenait ici une note d'inexprimable tendresse que pourraient seules nous révéler celles qui en furent l'objet. Et si elles sont citées à bon droit dans notre pays comme des modèles de distinction, de piété éclairée, de douce charité, c'est dans le cœur de leur père tendrement aimé qu'elles puisèrent ces sentiments qui le feront à jamais revivre en elles.

Et quand le malheur voulut qu'il redevînt comme père auprès de ses petits-enfants, qui avaient plus que jamais besoin de ses conseils et de sa direction, M. Mayran s'appliqua auprès d'eux comme il s'était appliqué auprès de leurs mères, et la dernière préoccupation comme le souci suprême de sa vie, lorsque sur son lit de douleur il luttait contre les étreintes de la mort, furent pour ces enfants, ces bien-aimés petits-enfants.

Permettez, Messieurs, qu'en parlant de la famille selon la chair de notre cher Sénateur, j'aie un mot pour une autre famille que son esprit de foi lui faisait aimer presque à l'égal de la première. Hier encore, j'entendais dire par le prêtre qui possède le mieux dans le diocèse, les confidences de nos jeunes clercs, tout l'amour, amour mêlé de respect, qu'il avait pour les séminaristes ; ils étaient reçus toujours chez lui à bras ouverts, et l'on peut dire que ses châteaux de Lévignac et de Labaume étaient, pendant les vacances, comme des succursales du grand séminaier.

On a pu s'étonner parfois de l'affection et de la confiance que le clergé de notre pays témoignait à M. Mayran. Voilà le secret : on aime toujours ceux dont le cœur vous est ouvert et chez qui l'on trouve la bienveillance de l'accueil et la sagesse du conseil.

Ce sens chrétien, il le porta surtout et le manifesta dans les actes de sa vie publique. Il put avoir à ce point de vue des préférences et des sympathies inspirées par la reconnaissance : qui oserait lui en faire un crime ? Mais il resta toujours l'homme fortement empreint de l'esprit chrétien. Il a été un de ceux que la lumière des événements avait éclairés dans ces derniers temps, et il en était arrivé aujourd'hui à subordonner toutes les préoccupations politiques aux préoccupations religieuses, et à n'avoir d'autre programme que le programme même de l'Évangile : *Quærite primum regnum Dei, et omnia adjicientur vobis.*

Aussi vous vous souvenez avec quelle sainte indépendance, et je dirai, par quels soubresauts hardis, son sens chrétien traduisait parfois dans nos assemblées publiques les indignations de son cœur, quand il était blessé dans ce qu'il avait de plus sacré.

Son sens chrétien, je le trouve surtout dans les œuvres qu'il a su créer et soutenir. Tout le monde ne sait pas être apôtre : les œuvres de l'apostolat chrétien ne peuvent naître et vivre que de l'esprit chrétien. Saint Ambroise l'a dit : *Zelus vapor fidei,*

Pour être de vrais et utiles ouvriers dans le champ du père de famille, il faut que l'esprit chrétien triomphe non seulement dans les cœurs, mais dans les esprits.

C'est parce que l'esprit de M. Mayran fut illuminé des clartés de la foi et son cœur inspiré par le sens chrétien qu'il exerça dans notre pays le fécond apostolat pour le bien que vous connaissez : apostolat auprès des enfants en créant et soutenant les écoles catholiques ; apostolat auprès des pauvres dont il aimait à soulager les misères ; apostolat auprès de cette classe de la société qui lui tenait de plus près à cause de son rang et de sa fortune ; apostolat parmi ces populations rurales dont il connaissait les mœurs, le langage et les besoins, et au milieu desquelles il avait conquis comme une sorte de royauté que personne ne pouvait lui disputer; apostolat dans notre pays tout entier, aux yeux duquel il passait à bon droit pour être le modèle de la droiture et de l'honnêteté. Et quand cet homme de bien a été enlevé tout à coup à nos cœurs attristés, nous avons senti comme une vertu secrète qui sortait de notre pays et comme un malheur public que rien ne pourrait réparer.

Chrétien, M. Mayran savait l'être partout et toujours. Ah ! ce n'est pas lui qui croyait pouvoir se dédoubler à l'exemple de tant d'autres et faire comme homme public ce qu'il se serait interdit comme homme privé. Il n'oubliait pas en effet que dans le chrétien les devoirs les plus divers, privés ou publics, de l'homme, du citoyen, du chef de famille, du magistrat, de l'administrateur, du législateur, ne relèvent que d'une conscience unique qui est elle-même justiciable des principes et des exigences de la foi.

Son sens chrétien, ah ! c'est surtout à son heure dernière qu'il le manifesta de la manière la plus touchante !

Il se sent frappé à mort. Aussitôt vous croyez qu'il va se préoccuper de la fortune qu'il laisse, de la haute situation dont il faut se dépouiller, et de tous ces mille regrets qui assaillent l'âme lorsqu'elle sent que tout se dérobe à elle, et qu'il faut dire un éternel adieu aux choses d'ici-bas.

Éclairé par ce sens chrétien qui a illuminé toute sa vie, il se tourne, en ce moment suprême, du côté de son Dieu qui va le recevoir. Après avoir béni une dernière fois sa chère famille, ses bien-aimés petits-enfants, il récite par deux fois et avec un accent chrétien inoubliable le *Pater*.

Seigneur, dit-il, j'ai souhaité pendant toute ma vie que votre nom fût sanctifié et que votre gloire s'étendît sur toute la terre et dans tous les cœurs. Aujourd'hui, que votre règne arrive pour moi, *adveniat regnum tuum !* Illuminez de vos clartés éternelles celui que vous avez éclairé ici-bas des lumières de votre foi !

Oui, reposez en paix, homme de foi, généreux ouvrier du bien ! Votre nom béni de Dieu restera cher aux hommes, et en le prononçant, nous nous souviendrons à jamais des exemples qu'il nous laisse et des mâles vertus qu'il nous lègue.

In memoria æterna erit justus. AMEN !

DISCOURS DE M. LACOMBE, SÉNATEUR

MESDAMES, MESSIEURS,

C'est le cœur profondément serré que je prends la parole au seuil de cette tombe. Je ne puis me résigner à ne voir qu'un collègue dans celui que nous avons perdu ; il était pour moi le plus dévoué des amis ; il m'a honoré d'une affection toute pater-

nelle et les preuves incessantes que j'en ai reçues
au cours de ces dernières années, ne pourront jamais
s'effacer de mon souvenir.

Mais je dois, quoique à regret, refouler ces sentiments personnels pour remplir la mission qui
m'incombe, dire au nom de l'assemblée dont il fut
membre, et du département qu'il représenta, dire
quelle fut sa vie et quels enseignements nous devons
en retirer.

Tout le monde le sait ici, mais il importe néan-
moins de le rappeler, car c'est un trait particulier
et caractéristique de sa carrière, M. Mayran n'a dû
qu'à lui-même la haute situation qui lui a été dévo-
lue. Il quitta Espalion, son pays d'origine, dès l'âge
de 17 ans, et vint à Paris se lançant seul, sans appui,
sans protection, dans la lutte pour la vie. Dieu le
protégeait déjà, car il eut la bonne fortune d'entrer
comme employé chez M. Marbeau, dont la maison
de commerce était fort honorablement connue.

Quelques années étaient à peine écoulées que ses
qualités de premier ordre et son mérite étaient
devenus éclatants à tous les yeux.

A l'âge où le plus grand nombre tâtonne encore
sur le choix de la profession qu'il embrassera, à
22 ans, les offres les plus avantageuses lui furent
faites : il ne lui était demandé que son concours
personnel ; il lui était promis les capitaux qui lui
faisaient défaut. M. Marbeau, mis au courant des
propositions flatteuses que recevait son jeune employé, fut plus loin encore : sa confiance ne connut
pas de bornes, car non seulement il lui confia le titre
d'associé, mais encore il lui donna la main de sa fille.

Mlle Marbeau devint ainsi la fidèle compagne de
la vie de M. Mayran, jusqu'au jour où une séparation cruelle vint inopinément briser les liens de
cette affection touchante, que rendait encore plus
étroite une entière communauté de sentiments.

Il ne m'est pas possible de parler de cette noble
mère chrétienne sans lui adresser un respectueux
souvenir, au moment où la mort vient de la réunir
pour l'éternité à celui dont elle avait été en ce
monde l'aide et le soutien.

La carrière commerciale de M. Mayran fut courte,
elle fut fructueuse et tous ceux qui l'ont suivie en
diront les raisons : c'est qu'aux qualités éminentes
de l'homme rompu aux affaires et du commerçant
travailleur et actif, vint se joindre, ce qui valait
mieux encore, une telle réputation de loyauté, de
probité commerciale et de franchise à toute épreuve,
qu'elle lui mérita la confiance sympathique et la
fidélité éprouvée d'une importante clientèle.

En 1852, malade à suite des travaux exagérés (on
a créé depuis le mot de surmenage), M. Mayran dut
abandonner sa participation personnelle, constante
aux opérations qu'il avait si heureusement dirigées
jusqu'à cette date.

C'est alors qu'il se retira dans sa chère vallée de
Saint-Côme, et qu'il commença à consacrer son activité tout entière aux intérêts de ses concitoyens.

Maire d'Espalion, conseiller général sans interruption depuis 1853 jusqu'à l'heure de sa mort, vice-
président pendant de longues années de l'assemblée
départementale, il apporta dans ces diverses fonc-
tions les facultés supérieures qu'il avait déployées
dans la gestion de ses intérêts privés et le chaleu-
reux dévouement qui fut la qualité maîtresse de sa
vie.

L'empire était fondé : il l'accepta avec empressement et l'appuya avec fidélité, parce qu'il lui crut
la volonté et la puissance d'assurer à la fois l'ordre
et la prospérité du pays.

Son crédit était aussi grand auprès du pouvoir que
sa popularité auprès des électeurs ; mais il refusa
constamment tout mandat politique : il n'eut d'autre

ambition que de faire servir ses grandes relations au bien du pays : tout le monde se rappelle les allocations qu'il obtint pour ses plus pressants besoins, notamment, pour les travaux publics ; parmi eux, je citerai seulement un des plus importants, la création de la route nationale, qui est venue vivifier la vallée du Lot en aval d'Espalion.

La politique, à laquelle il n'avait jamais voulu prendre une part personnelle, vint le chercher dans sa retraite en 1875 au moment de la constitution du Sénat. Quel motif put le décider à l'aborder ? Ce n'est certes pas l'ambition : il en avait repoussé les offres séduisantes au moment où elle avait pu si aisément se donner libre carrière ; désormais au contraire l'avenir lui paraissait sombre et menaçant ; il l'envisageait avec une clairvoyance spéciale que ses amis ont pu parfois considérer comme empreinte de pessimisme, mais que les faits n'ont jamais démentie.

S'il se décide, c'est parce que cet acte de dévouement lui parut imposé comme un devoir.

Après neuf ans, en 1885, il hésita aussi longtemps ; mais il dut céder encore à la pression la plus flatteuse ; les démarches de ses collègues de la droite et des personnages les plus éminents purent seuls triompher de sa résistance.

M. Mayran avait l'âme trop haute pour renier ses souvenirs. Au cours de sa carrière parlementaire, pour lui, comme pour ses collègues de l'Aveyron, avec lesquels il fut toujours dans une complète unité de vues, les questions d'ordre purement politique paraissaient tout à fait secondaires : l'objet presque unique de ses préoccupations, c'était la crise sociale ; c'était surtout la crise religieuse dont les progrès menaçants lui inspiraient la plus grande crainte pour l'avenir du pays.

Il était profondément chrétien, et ce n'était pas

seulement dans la vie de famille qu'il acceptait les enseignements de la religion.

Chez lui ne se trouvait pas ce dualisme qui étonne souvent entre l'homme privé et l'homme politique.

L'un de ses plus grands et derniers chagrins, ce fut de voir l'éducation des enfants rendue inaccessible ou plus difficile à l'instruction religieuse ; ce fut de constater les progrès incessants de la mauvaise presse, de la liberté du mal, de la démoralisation, de l'athéisme législatif. Sur ces points, cet homme si bienveillant devenait intraitable ; il s'irritait des oppositions qu'il rencontrait, des défaillances trop nombreuses, hélas ! qu'il eut à constater ; et s'il ménageait toujours les personnes, il n'en était que plus justement sévère dans ses appréciations.

Au Luxembourg, il aborda rarement la tribune, bien qu'en homme d'affaires consommé, il fût doué de la faculté d'exposer ses idées plus facilement et avec la plus grande lucidité.

Mais le rôle le plus brillant n'est pas toujours le plus utile : que de services il a rendus, non seulement dans les commissions mais dans ses conversations avec ses collègues, et aussi (j'en parle par une expérience personnelle de plusieurs années) par ses bons avis, par ses conseils, empreints d'une sagesse réfléchie et inspirés par le jugement le plus sûr.

Aimé et estimé de tous ses collègues, au Sénat comme dans la vie, il put avoir des adversaires politiques ; il ne compta jamais d'ennemis.

Nul plus que lui ne mérita des distinctions honorifiques ; elles ne lui firent pas défaut : le patriote reçut la croix de la Légion d'honneur ; le chrétien militant, celle de Commandeur de l'ordre de Saint-Grégoire le Grand.

Les électeurs non plus ne se montrèrent pas ingrats.

Il est un des rares personnages politiques dont on peut constater qu'ils ne subirent jamais aucun échec. Le suffrage universel, dont on blâme parfois la mobilité et l'inconstance, lui est resté fidèle pendant 42 ans, et le suffrage à deux degrés le fut aussi jusqu'à sa mort.

C'est un témoignage de reconnaissance aussi honorable pour ceux dont il émane que pour celui qui en est l'objet.

Les occupations de la vie parlementaire ne pouvaient suffire à l'activité de M. Mayran, et au besoin qu'il éprouvait de se dévouer à ses compatriotes.

La plus large part de son temps leur était consacrée ; il les accueillait tous avec une affectueuse affabilité.

Sa bienveillance s'est maintes fois étendue à ses amis, même à ceux dont l'hostilité ne l'avait pas ménagé. Et ce ne serait pas lui qui se serait contenté de vaines promesses et de banales démarches. Mettant au service de ses protégés ses nombreuses et grandes relations, il avait la ferme volonté d'obtenir un résultat, et lorsqu'il l'avait atteint, ce qui arrivait le plus souvent, il paraissait en ressentir autant de joie que l'obligé lui-même.

On a écrit de lui les lignes que je reproduis, parce qu'elles sont d'une exacte vérité :

« M. Mayran n'a cessé un seul jour d'utiliser ses relations, son crédit, son activité au service de notre pays. Quelle est la commune de notre arrondissement qui n'ait fait appel à son influence ? Quelle est l'église, quelle est l'école pour laquelle il n'ait fait quelque chose, soit de ses deniers, soit à l'aide de son crédit ? Quelle est même la famille dont un des membres n'ait sollicité son appui, et qui n'ait trouvé auprès de lui aide et encouragement ? »

M. Mayran était l'ennemi du faste ; il avait toujours conservé à sa vie un caractère touchant de simplicité, et il pensait trop aux autres pour pouvoir beaucoup penser à lui-même. Le prix des bienfaits qu'il répandait était encore augmenté par le tact exquis et discret avec lequel il savait distribuer. Pourquoi aujourd'hui louerai-je ce souvenir ? Plus d'une fois j'ai été le témoin ému de largesses généreuses, se couvrant sous le voile de l'anonyme, de peur que les scrupules d'une délicatesse exagérée ne vinssent empêcher l'acceptation.

Aussi, Messieurs, à la triste cérémonie de Saint-Augustin comme à celle qui vient d'avoir lieu à notre église, nous avons vu des assistants de tout rang et de toute condition, réunis dans un même sentiment de tristesse religieuse. Tout le monde en a été frappé : ce n'était plus le banal hommage que nos mœurs nous entraînent à rendre aux défunts ; mais c'étaient la douleur la plus sincère, les regrets les plus unanimes, et, pour beaucoup, les souvenirs les plus reconnaissants.

La fin de cet homme de bien a été digne de sa vie : sa foi religieuse était trop vive pour qu'il n'acceptât pas la mort avec une touchante résignation et une douce sérénité. L'avenir de sa famille était assuré à ses yeux par le dévouement du gendre qu'il aimait tant et dont il était si justement fier.

Aussi, déchargé d'inquiétudes, il est mort comme il a vécu en pensant aux autres, et lorsque ses lèvres défaillantes ne pouvaient plus que balbutier, on l'entendait encore répéter les mots : « Charité, Charité ! » Et quelques heures auparavant, lorsqu'il faisait ses adieux à sa famille inconsolable, voici quelles étaient ses dernières recommandations : « Suivez toujours la ligne droite, ne transigez jamais avec les principes. »

Je vous demande pardon, Messieurs et dames, de raviver votre douleur par ces souvenirs ; ils sont le plus bel éloge de celui que vous avez perdu ; ils

seront aussi votre consolation, et seront aussi pour
vos enfants des enseignements suprêmes et respec-
tés. Comme leur grand-père, ils voudront passer
sur cette terre en faisant du bien ; ils voudront
comme lui voir arriver la mort avec la simplicité
d'une conscience droite. Comme lui et comme vous,
ils garderont leur foi. N'est-ce pas en elle que tous
aujourd'hui vous pouvez trouver un adoucissement
à vos pleurs ? Les cruelles séparations imposées
par la loi de la nature sont de courte durée, et
l'union sera éternelle dans la vie meilleure que
nous promettent d'espérer l'accomplissement de
nos devoirs, l'exercice de la charité, vertus dont
notre cher défunt nous donna toujours l'exemple.

DISCOURS DE M. THÉDENAT

La mort de M. le sénateur Mayran est un événement trop douloureux, qui jette comme un voile de
deuil sur le pays, pour que je ne vienne pas, à mon
tour, en me tenant dans le cercle plus restreint des
considérations locales, me faire l'interprète de vos
regrets et des sentiments attristés de tous à l'heure
présente.

Je suis d'ailleurs en quelque sorte le délégué de
la municipalité espalionnaise, dont le chef retenu
par la maladie, n'a pu autrement que par la pensée,
s'associer à la pieuse manifestation qui nous réunit
autour de cette tombe, si nombreux et si recueillis.
— Son jeune collaborateur, que la mort de M. Mayran atteint, lui aussi, dans ses affections de famille
les plus chères, reste sous le poids d'une douleur
muette qui ne lui permettrait pas de surmonter,

sans trouble et sans une trop vive émotion, l'épreuve que je tente en ce moment.

Ces accents de deuil, je dois vous les faire entendre aussi au nom des habitants de notre canton que M. Mayran représentait au conseil général, me souvenant qu'il a occupé pendant près de quarante ans et sans interruption, dans notre assemblée départementale, un siège devenu presque inamovible, grâce à la fidélité et à la constance de vos suffrages.

Au nom de vous tous enfin, je dois rendre un dernier hommage à celui qui fut si activement dévoué à son pays, et dont la vie et les œuvres ont été si utiles à ses concitoyens.

Je sais bien que son éloge n'est pas à faire ; au Sénat, dans la presse, on a retracé sa vie, loué ses éminentes qualités, signalé les services rendus. — Vous êtes encore attentifs à la parole éloquente que vous entendiez tout à l'heure, parcourant les phases de cette existence si bien remplie, et qui rendait hommage à une mémoire qui nous restera chère, et que vous conserverez avec fidélité dans vos cœurs reconnaissants.

Dois-je vous rappeler que M. Mayran quitta son pays natal, dès son jeune âge, pour se rendre à Paris ? Ses goûts et une vocation prononcée le portaient vers le commerce. Il eut des débuts modestes sans doute ; mais ses aptitudes remarquables, sa conduite laborieuse, ne tardèrent pas à attirer l'attention ; elles lui concilièrent l'estime et les sympathies du chef du grand établissement où il était employé, et bientôt il devint l'associé de l'honorable M. Marbeau. Sa tâche grandissait ; des intérêts considérables lui étaient confiés : il sut les faire prospérer et continuer puissamment à augmenter le mouvement d'affaires et l'importance commerciale de la maison à laquelle il était attaché.

Ce résultat, comme on l'a dit, était dû à sa grande énergie, à sa probité, à la loyauté qu'il apportait dans ses relations commerciales. Tant d'efforts et les succès obtenus méritaient une plus haute récompense ; elle lui fut accordée : M. Marbeau lui donna la main de sa fille. Beaucoup d'entre vous ont pu apprécier, comme moi, les qualités aimables et distinguées de l'épouse dévouée, de la mère de famille accomplie, qu'une mort prématurée vint enlever dans des circonstances particulièrement douloureuses à l'affection des siens, aux sympathies respectueuses de tous. Ce fut une grande épreuve pour M. Mayran, qui avait trouvé dans cette union les joies et le bonheur dont il était si digne.

Cependant un état de fatigue, provoqué par une trop grande activité et des labeurs successifs, força M. Mayran à quitter les affaires commerciales. Il revint au pays natal.

A Paris, il s'était fait déjà l'initiateur d'un grand nombre d'œuvres utiles, d'améliorations intéressant sa ville natale ; car, malgré l'éloignement et les distances, le pays n'était pas absent pour lui ; il en avait emporté pour ainsi dire l'image dans son cœur !

De retour parmi nous, ses vues se portèrent alors vers la chose publique ; les besoins, les intérêts du pays attirèrent sa sollicitude. Vous savez comment il vécut au milieu de nous, s'intéressant à tout, faisant le bien.

Il fut maire d'Espalion pendant quelque temps. Je vous ai dit avec quelle constance vos suffrages l'appelaient, chaque fois que son mandat devait être renouvelé, à siéger au conseil général. Les services qu'il avait rendus, la notoriété qui s'attachait à son nom, la grande popularité dont il jouissait dans le département tout entier le firent élire, en 1876, au Sénat, où il sut si bien se concilier par son affabilité, ses qualités si appréciées, sa compétence reconnue

pour les questions qu'il était appelé à traiter au sein
des commissions, l'estime et les sympathies de ses
collègues. Accessible à tous, bienveillant pour tous,
il n'épargna jamais ni soins, ni démarches pour être
utile à ceux qui sollicitaient son intervention et
faisaient appel à son dévouement.

La mort de M. Mayran laisse un grand vide parmi
nous ; voilà pourquoi vous êtes venus en foule autour de ce cercueil rendre les derniers et suprêmes
devoirs à celui qui aima tant son pays, et qui a attaché son nom à tant d'œuvres de bienfaisance et d'u-
tilité publique ; vous avez voulu montrer que vous
aviez la mémoire du cœur.

Les pauvres ne l'oublieront pas non plus, car lui
s'est souvenu d'eux : si pendant sa vie il a été le dis-
pensateur d'incessantes libéralités, il a voulu en assurer la continuité, après sa mort, par des disposi-
tions généreuses au profit de l'asile qui les recueille,
et qui augmenteront dans une large mesure les ressources de la charité. C'est là une œuvre qui lui
survivra comme tant d'autres à travers les âges.

Si M. Mayran emporte dans la tombe l'estime et
les regrets de ses concitoyens, que dire de l'affection
si grande de cette famille désolée, de l'immense
douleur de ses enfants et petits-enfants pour lesquels
il avait des trésors d'affection, et qui l'entouraient, de
leur côté, de tant d'amour et de tendresse ! Que nos
sentiments de condoléance qui vont à eux en ce moment ; que nos regrets qui se joignent aux leurs
soient pour eux une consolation !

Et puis, ce père bien-aimé ne leur a-t-il pas dit en
mourant avec la foi et l'espérance du chrétien : au
revoir ! N'est-ce pas là une pensée consolante, qui
doit leur faire prévoir aussi le jour des nouvelles
et heureuses rencontres , des retours éternels !
Qu'elle adoucisse l'amertume d'une aussi cruelle
séparation !

Pour nous, demeurons fidèles à la mémoire de celui qui a si bien mérité la reconnaissance publique, de cet enfant d'Espalion dont le nom restera à jamais inscrit dans les fastes de la cité.

DISCOURS DE M. MARCILHACY

MESSIEURS,

Après les éloquentes paroles que nous venons d'entendre, il n'y a plus rien à dire du regretté défunt comme homme public et comme homme privé ; mais il reste l'homme intime que j'ai le devoir de vous faire connaître. Un seul trait suffira. Mais permettez-moi d'abord, au nom de toute ma famille cruellement éprouvée, de vous remercier pour votre empressement à venir apporter sur cette tombe au parent pour lequel elle s'est ouverte avant l'heure, un dernier et touchant témoignage de votre estime et de votre affection.

Nul, hormis ses enfants, ne peut savoir mieux que moi combien il était digne de cette solennelle manifestation de vos sentiments, quels droits il avait acquis à la reconnaissance publique et en particulier à la mienne.

Il y a cinquante ans, Mayran, allant au-devant d'un secret désir de mon père, son oncle maternel, pour lequel il avait un véritable culte, m'appelait auprès de lui, à Paris.

Les huit premières années de mon séjour dans cette ville se passèrent entre lui et la sainte femme qu'il vient rejoindre aujourd'hui.

J'avais quitté pour aller à eux, un père et une mère, dont la tombe, hélas ! est près de nous, qui ne vivaient que pour moi : mais en compensation

des chagrins que ce départ m'avait causés, je retrouvais à Paris un frère et une sœur à qui rien ne
devait coûter pour adoucir l'amertume de cette
séparation pénible.

L'affectueuse sollicitude des débuts ne s'affaiblit
jamais ; bien au contraire, elle fut toujours croissant, et c'est à cette bienfaisante influence que je
dois le peu que je suis.

Aussi, Messieurs, le cœur toujours plein d'un vif
sentiment de reconnaissance pour ces bien-aimés
parents, profondément touché du spectacle d'un
pays tout entier venant rendre un suprême hommage
à l'homme de bien que nous pleurons, et se joindre
à nous pour lui rendre un dernier adieu, je vous
dis encore une fois, avec tout mon cœur, merci.

VI

Les témoignages de sympathie ne manquèrent
pas à la famille si durement atteinte par
cette mort : il en vint de partout et quelques-uns
sont bien précieux dans leur modestie. Ces mots
d'un vieux et dévoué serviteur portant pour
ainsi dire la parole au nom de tous les humbles
du pays ne sont-ils pas touchants ?

Sous de tels coups, Madame, il faut, pour ne pas
être écrasée, plus que les forces de la nature, il faut
monter plus haut... Moi et vos amis de la montagne
nous nous unissons à vous dans cette élévation de
vos cœurs déchirés.

Mgr l'évêque de Rodez (1) constatait en termes affligés la perte que venaient de faire les populations aveyronnaises :

> Nous avons tous été ici très péniblement affectés du malheur qui vous frappe et qui frappe aussi les catholiques du diocèse...
>
> Adorons tous, mon enfant, les desseins de la bonne Providence, et soumettez-vous avec résignation au nouveau coup qui vous frappe. Votre père était un grand chrétien. Il a toujours défendu les droits de Dieu et de son Église avec une ardeur dont les feuilles publiques nous ont souvent donné le témoignage. Il vous a élevé tous dans la foi et la pratique des vertus chrétiennes. Ces hommes-là sont à Dieu et sa miséricorde ne manque jamais de les recevoir dans le baiser de son amour.

Le cardinal Richard terminait ainsi la lettre déjà citée plus haut (2), dans laquelle il promettait ses prières au cher disparu :

> Heureuses les familles qui gardent les fortes traditions de la foi chrétienne et où les chers défunts laissent à ceux qui pleurent les consolations, les espérances du ciel.

Le Cardinal exprimait ainsi une pensée qui est celle de l'Église et qui est bien consolante, c'est que même en ce monde il y a chance de bonheur, quand ceux qui nous ont précédés ont été grands devant Dieu; qu'ils ont beaucoup tra-

---

(1) Mgr Bourret, lettre du 31 janvier 1892.
(2) 3 février 1892.

vaillé, souffert et vécu pour lui. Lacordaire le disait aussi lui-même avec sa grande autorité.

A cause de l'unité morale qui rattache les ancêtres à leur descendance, Dieu tient compte aux générations de ce qu'ont été dans la grâce celles qui les ont précédées et produites, même à longs intervalles de temps.

Il se rappelle en voyant le petit-fils, ce qu'a fait pour lui l'aïeul, et lorsque la mémoire des hommes est impuissante à retrouver loin d'elles les traces du passé, celle de Dieu y décerne encore des motifs de faveur.

VII

Si M. Mayran fut tant aimé et laissa de tels regrets, c'est que lui-même en ce monde, avait beaucoup aimé et beaucoup vécu par le cœur.

Il savait que le meilleur de la vie est encore dans la joie que l'on procure, et que le plus sûr moyen d'avoir du bonheur est d'en donner beaucoup soi-même. Il avait bien compris que l'égoïsme est la pire des servitudes ; qu'il gâte vraiment l'existence et que la vraie vie est de songer fort peu à soi, mais de penser le plus possible à ceux qui nous entourent.

Plus il s'était élevé au cours des événements, plus il avait oublié les droits qu'il pouvait revendiquer, pour ne penser qu'aux devoirs nou-

veaux qui lui incombaient ; plus il fut à même
de commander aux autres, plus il mit son plaisir à les servir et à leur être utile.

S'il était sévère pour lui-même, il était plein
de compassion pour les faiblesses d'autrui. Ce
fut en tout le type accompli de l'homme d'honneur. L'honneur n'était pas chez lui ce sentiment de parade dont il est de bon ton de faire
montre en certaines circonstances. Pour lui,
l'honneur était ce qu'on l'a défini un jour :
« La conscience, le respect de soi-même et de
la beauté de sa vie, ce respect qui maintient
toujours et partout la dignité personnelle
de l'homme » ; il était pour lui ce qu'a dit le
poète (1) :

> Ce tabernacle pur qui dans notre poitrine
> Est comme un second cœur où siégerait un Dieu.

Si nous voulions en quelques mots résumer
cette belle vie, nous reproduirions ces lignes que
nous avons lues, il y a peu de mois ; qui furent
écrites de plein cœur sous le coup d'une profonde émotion, et qui font un peu revivre,
croyons-nous, cette sereine physionomie.

M. Mayran (2) fut un de ces hommes dont il faut
saluer la mémoire avec une émotion et un respect
tout particuliers. Certes il rendit des services innombrables à la cause qu'il défendit avec tant de dévoue-

---

1. Al. de Vigny.
2) Extrait du journal *Le Monde*, 3 fév. 1892.

ment ; il remplit avec scrupule le mandat que ses électeurs lui avaient si souvent renouvelé, sachant qu'ils ne pouvaient trouver de représentant plus éclairé, plus au fait de leurs besoins, plus capable de comprendre et de bien défendre leurs intérêts ; il occupa dans son département une situation prépondérante, que nul n'aurait osé lui disputer et qu'il devait à sa valeur personnelle, à sa haute intelligence et à sa bienveillance proverbiale. Il fut de ceux qui eurent des adversaires politiques, mais qui ne pouvaient avoir d'ennemis.

Mais les qualités de l'homme politique ne faisaient que mieux ressortir chez M. Mayran les vertus supérieures de l'homme privé. Il avait une admirable sensibilité d'honneur et de délicatesse. Il ne connaissait aucune de ces transactions, de ces subtilités acceptées souvent par beaucoup de ceux que l'on croit honnêtes et que l'on se garderait de soupçonner. Il était d'une bonté sans réserve d'autant plus grande qu'elle s'ignorait et ne s'en dépensait que davantage. Sa bienfaisance, disons mieux, sa charité était inépuisable, et non seulement il donnait, mais il savait donner avec ce tact exquis des cœurs supérieurs et tendres. Chrétien fervent et convaincu, il pensait volontiers que les beaux exemples valaient mieux et résonnaient plus haut que les belles paroles : aussi toute sa vie ne fut-elle qu'un long et magnifique exemple. Sa bonhomie charmante, la simplicité de son accueil, sa loyauté et sa droiture indiscutées, son caractère élevé, lui avaient attiré la sympathie et l'affection unanimes.

Il nous a paru qu'il fallait faire revivre un moment cette physionomie vénérée, et que nous ne pouvons la laisser partir sans lui envoyer, à l'heure de l'adieu, l'hommage ému de notre souvenir et de notre tristesse. M. Mayran avait une ardeur juvénile pour le bien : aussi est-il mort trop jeune, car ils

s'en vont toujours trop vite et trop tôt, ceux dont on
peut dire , comme il faut le dire, qu'ils ont eu
une existence admirablement belle, utile et bien
remplie.

Décembre 1892.

GEORGES MAZE-SENCIER.

RODEZ, IMPRIMERIE BREVETÉE E. CARRÉRE.